我居于
无限可能

艾米莉·狄金森的一生

〔加拿大〕多米尼克·福捷_著　苏旻_译　王柏华_诗歌编译

中信出版集团 | 北京

图书在版编目（CIP）数据

我居于无限可能：艾米莉·狄金森的一生 / (加)
多米尼克·福捷著; 乐旻译. -- 北京 : 中信出版社,
2022.3（2022.9 重印）

　书名原文: Les Villes de Papier

　ISBN 978-7-5217-3949-7

　Ⅰ. ①我… Ⅱ. ①多…②乐… Ⅲ. ①狄金森 (
Dickinson, Emily Elizabeth 1830-1886)—传记 Ⅳ.
①K837.125.6

中国版本图书馆CIP数据核字（2022）第009606号

Les villes de papier by Dominique Fortier

Copyright © Dominique Fortier and éditions Alto, 2018

This edition published by arrangement with Editions Alto in conjunction with
its duly appointed agents Books And More #BAM, Paris, France and Divas
International, Paris, France 巴黎迪法国际版权代理. All rights reserved.

Simplified Chinese translation copyright © 2022 by CITIC Press Corporation

本书仅限中国大陆地区发行销售

我居于无限可能：艾米莉·狄金森的一生

著　者：[加拿大]多米尼克·福捷

译　者：乐旻

出版发行：中信出版集团股份有限公司

　　　　（北京市朝阳区惠新东街甲4号富盛大厦2座　邮编　100029）

承　印　者：河北鹏润印刷有限公司

开　本：880mm×1230mm　1/32　印　张：6　字　数：120千字

版　次：2022年3月第1版　　印　次：2022年9月第3次印刷

京权图字：01-2021-7185

书　号：ISBN 978-7-5217-3949-7

定　价：58.00元

想要造就一片原野，需要一株四叶草和一只蜜蜂，

一株四叶草，和一只蜜蜂。

还有白日梦。

如果蜜蜂缺席，

只要白日梦便足够。

艾米莉

艾米莉是一座由白木构建的城，被大片大片的四叶草和燕麦田环绕。这里的人家，房子方正，屋顶倾斜。暮色四合之时，人们纷纷落下窗台上蓝色的百叶。有几次，小鸟一头扎进屋顶的烟囱里，沾了一身烟灰，然后慌张地扇动翅膀，在房间里蹿来蹿去。人们不去驱赶鸟儿，反而把它圈养起来，好聆听它的咏唱。

相较于一片荒芜的教堂，这里的园子多出了十倍。在那些安静的阴影下，风铃草和菌菇独自生长。居民们用手语交流。然而每个人的手语都自成一体，无法互相理解，所以只好尽量避免接触。

寒冷冬季，皑皑白雪将艾米莉覆盖。山雀飞来，用纤细的掌，写下纯白的诗。

[F519]*

这是我写给世界的信
世界不曾写信给我 –
大自然说出简单的消息 –
带着温柔的壮丽。

她的信息被交到
我看不见的手 –
出于爱她 – 亲爱的 – 同胞 –
评判我 – 请带着温柔。

---

* 狄金森诗歌皆无标题。本书采用学界目前通行的富兰克林集注本（*The Poems of Emily Dickinson: Variorum Edition*）采用的版本和编号。例如 F519，F 表示 Franklin，519 代表第 519 首。该富兰克林集注本共收录诗歌 1789 首，为读者提供了较为完整、权威的参考蓝本。（本书脚注均为译者注。）

阿默斯特

阿默斯特是马萨诸塞州的一个城市，称它为小镇也不为过。它无关乎空间，也被时间所遗忘。

1830 年，艾米莉出生之时，这座城市庇护着 2631 位居民，芝加哥甚至还不存在。而在 1890 年，艾米莉离世四年之后，芝加哥已经成为一个拥有近 110 万人口的大都市，而阿默斯特的居民仍不足 5000 人。

狄金森是当地的名门望族，世世代代都生活在这个底蕴深厚的小城。为了纪念第一代阿默斯特男爵杰弗里·阿默斯特*，这座城便以他的姓氏来命名。正是他，曾在印第安战争中提议将天花病人使用过的毯子发放给原住民，只为尽快肃清这个"劣等"民族。

为这座小城命名，人们本有更好的选择。

---

* 杰弗里·阿默斯特（Jeffery Amherst, 1717—1797），英国陆军军官和部队总司令。

很难想象，在那个照相商业日益兴隆的时代，这位美国最负盛名的女诗人只留下了一张相片。这张深入人心的照片摄于艾米莉十六岁时，她看起来瘦削而苍白，纤长的脖子上佩戴着一条深色的金丝绒小领环，眼距略开，瞳孔中流露出沉静的神情，唇角似笑非笑。中分的长发别在了脑后。她身着一条暗纹长裙，领子是浅色的，腰部打了百褶，左手执着一小束三色堇，身旁倚靠着的桌子上摆着一本不知名的书。没有艾米莉孩童或中老年时期留下的影像，也没她的全身照；或许这些照片曾经存在，只是不慎散逸或被刻意损毁了。这张仅存的照片里她没有展示出的部分，后人也就无从见证了。

这张面孔，这副面具，是她唯一留存的形象。

艾米莉·狄金森总是身着白色，犹如一张白幕，一页空纸。如果临终时她为自己选择一条蓝色的裙子，那我们也无话可说。

狄金森留下的唯一肖像照片

五岁那年，幼小的艾米莉·伊丽莎白去波士顿姨妈家借宿几日。旅途中，马车冲进风暴。几道闪电撕裂了夜空，雨点似沙砾般倾泻而下，敲击车窗。姨妈将她紧紧地揽在怀里安抚。女孩却无一丝恐惧。她俯向一边，将额头抵在冰冷的玻璃上，痴迷地低吟：

火。

姨妈家的窗洞开得极高，就算踮起脚尖，也只能看到一截白色的天空。她爬上床想要俯瞰楼下的街道，却只见道路一旁比肩的两棵树，和两侧匆匆的行人。

她小心翼翼地在床上跳了一下，又跳了第二下、第三下，一次比一次跳得高，鹅绒床垫也随着她的下落轻轻凹陷。街道随着她跃动，而路上的小人，也犹如盒子里的玩具小兵摇摇摆摆。

"伊丽莎白！"

门框下露出姨妈恼怒的脸。小女孩马上不跳了，身子板正地杵在两条细瘦的腿上，铿锵有力地回应：

"请叫我艾米莉。"

[F1150]

这些是甲虫喜爱的夜晚 –
自遥远的高地
驱动笨重的垂线
他那亲近的形影 –
孩童的恐惧
成人的欢喜
放下他的雷电
他又一次遥遥升起 –

一颗炸弹在天花板上
是一件有益的东西 –
它让神经保持奋进
让推测生生不息 –
多么可亲，这夏日的夜晚 –
没有谨慎的警报 –
由昆虫界提供
以它剩余的魔力

5

一只知更鸟落在了艾米莉撒满面包屑的窗台上。它的肚子圆圆鼓鼓，好像平安夜时，人们往壁炉前的圣诞袜里塞进了一个大橙子。

它吞下一块面包，又用一连串吱吱声向人类诉说了鸟的故事。主角是几条蚯蚓、一只水性杨花的雌鸟和一窝青色的鸟蛋——其中一颗蛋还神秘失踪了。艾米莉聆听着，颤抖着，歪着头，眼里是点点星光。她用大拇指和食指捏起一块面包送到嘴边，这是她一天中最享受的一餐了。

贪吃，是艾米莉唯一触犯的戒律。在这个念头的驱使下，她会摸进厨房偷吃一块正在晾凉的酥挞，或是溜进父亲书房，偷拿一本尘封已久的禁书——食谱。母亲总能轻松破案，罚她在一个无趣的房间关禁闭以示惩戒。禁闭结束，艾米莉走出房间，母亲在她脸上竟看不出一丝忏悔之情。艾米莉和她天马行空的想法被关在了一起。这位母亲，若是了解她的女儿，绝不会把关禁闭当作一种惩罚。

如果有一天，只要一天就好，艾米莉能遵守规矩，不顽皮捣蛋，不古灵精怪，那她的人生也会因这一天而得到救赎。但事实就是如此：她不愿乖巧。雏菊并不规矩，天空中排成人字的黑雁也不顺从。她仰慕的，是辛辣如芥，是癫狂似草。

［F445］
他们把我关在散文里 –
就像当年我是小女孩
他们把我放进壁橱 –
只因他们喜欢我"安静" –

安静！如果他们能窥视 –
看我的大脑如何 – 走来走去 –
明智如他们可以控诉小鸟
因为叛逆 – 关他禁闭 –

只要小鸟他愿意
就像星星一样容易
蔑视这下方的囚禁 –
他笑了 – 我不再如此 –

园子里，花儿的私语窸窣作响。一朵紫罗兰打蔫了，怎么也立不起来。另一朵抱怨着大高个儿向日葵遮挡了她的阳光。还有一朵，觊觎着同伴的花瓣。两株芍药，正密谋着怎么驱赶蚂蚁。一支纤长苍白的百合，感到双脚冰凉，因为土壤实在太过阴湿。玫瑰最是骄纵：成群的蜜蜂让她们受惊，直射的光线让她们烦躁，就连自己的芬芳也太过醉人。

沉默不语的，只有蒲公英。但凡活着，就已知足。

[F367]

我看护我的花儿，为您 –
光辉的缺席者！
我的灯笼花那珊瑚色的缝儿
裂开了 – 当播种者 – 尚在梦里 –

天竺葵 – 染色 – 斑斑点点 –
低低的雏菊 – 稀稀落落 –
我的仙人掌 – 分开须子
将她的喉咙展露 –

康乃馨 – 打翻了香料 –
被蜜蜂 – 拾去 –
我藏匿的 – 一朵风信子 –
伸出她弄乱了的脑瓜 –
香气掉了出来
从长颈瓶里 – 如此小巧 –
你惊叹它们如何装得下 –

玫瑰球碎了 – 片片锦缎 –
散落在我花园的地上 –
不过 – 你并不在场 –
我倒宁愿她们从此
不再 – 裹着红装 –

愿您的花儿 – 欢快 –
愿她的主人 – 走开！
我将栖身于花萼 – 灰色 –
这跟我刚好相配 –
多么谦卑 – 永远是 –
您的雏菊 –
遮盖起来，为了您！

9

狄金森制作的蒲公英标本

孩子们将午后采来的鲜花摆在柳编花篮里。父亲用灰白色的手指拾起一支蝴蝶花，慢条斯理地解释说：

"要想长久地保存它们，干燥是第一步。"

那朵花在父亲的手里，似乎已经奄奄一息了。他把花搁在一旁，转身去了书房。二十一卷《大英百科全书》整齐有序地罗列在书架上，父亲抽出了其中一本。他打开书卷，一丝不苟地翻看着。

"过几个月，书页就会吸干植物的潮气，到时候你们就可以做成一本标本集了。"

艾米莉暗自惊奇：纸张竟喝花朵里的水分解渴。

父亲继续用他好为人师的一贯口吻说道："为了方便记忆标本的位置，我建议你们选择一些重大事件发生的年份当作页码。比方说，百年战争的开端是……"

他等待着答案。

"1337 年。"奥斯汀、拉维尼亚和艾米莉异口同声地回答道。

奥斯汀和拉维尼亚选了一卷书，两人小心翼翼地将花朵的枝叶夹进书页，嘴里念念有词：独立宣言，罗马帝国灭亡，母亲生日。

只有艾米莉肆意将花朵撒播在一本她挑选的词典里。父亲在一旁看着，眉头紧锁。

"你放得这么随便，之后要怎么找到你的标本？"

她莞尔一笑：

"我就是能找到。"

几个月后的冬天，大家围坐在书房想要收获夏天制作的干花标本，她毫不犹豫地打开了那本词典。当奥斯汀和拉维尼亚还在小声嘟囔页码的时候，她像念咒语般报出：茉莉。这词刚一脱口，一株茉莉马上显现。

艾米莉用自己的标本给词条配上了插图。

她带回一些薄荷叶片、玫瑰花瓣和洋甘菊花苞，交由母亲悬在厨房里风干。采摘这些植物并不是为了做成标本，而是要做越冬的茶饮。

在一个小小的荷包里，她保留着夏末时节从小鸟那儿偷来的种子，这便是未来的花园。

[F11]

无人知道这朵小小的玫瑰
它或许是个朝圣者，
若是我没有从路边采摘，
举起它为你献上！

只有一只蜜蜂会思念它，
只有一只蝴蝶，
从遥远的旅途匆匆赶到，
躺进它的怀抱。

只有一只鸟儿会不安，
只有一阵微风会叹息
啊！小小的玫瑰 — 如你这般
凋零是多么容易！

母亲在厨房忙碌，两个女孩负责摆放餐具，父亲已经在餐桌尽头落座。他理所应当地等待着。拉维尼亚摆放刀叉，艾米莉紧随其后，摆上蓝白相间的瓷盘。

"啧。"刚在父亲面前摆好碟子，他就发出了这样的声音。

"父亲，怎么了？"

"我很想知道，你为什么总是把这个缺了口的盘子摆在我的面前。"

她退回到父亲面前，眯起眼仔细瞧那瓷盘。她刚刚摆在父亲面前的餐盘，确实缺了个微乎其微的口子，像是指甲月白的大小。

"我很抱歉。"她说。

她端起那只盘子，以稳健的步伐穿过餐厅和厨房，打开通往花园的门。她看准了院中一块扁平的岩石，双手一松，任由那盘子摔得瓷片飞溅、四分五裂。她利落转身回到餐厅，宣布道：

"我向您保证，绝不会有下次。"

父亲瞠目结舌，没有回应。

打过蜡的餐桌光可鉴人，父亲的倒影与他本人一样错愕。草丛里的瓷片，犹如某个失落文明留下的遗迹。

[F764]

我的生命 – 一杆上膛枪 –
立在角落里 – 直到有一天
主人从旁路过 – 认出了我 –
把我扛起来带走 –

于是，我们在至尊的树林漫游 –
于是，我们把母鹿追捕 –
每当我代他说话 –
群山即刻应答 –

我开口一笑，光芒何等热烈
闪耀在山谷之上 –
好像维苏威的面孔
将它的喜悦释放 –

14

夜里 – 当我们过完美好的白昼 –
我守护我主人的头 –
那分美妙胜过 – 分享深陷的睡枕
那柔软的 – 鸭鹅绒 –

他的敌人 – 就是我的死敌 –
谁也休想再动一动 –
一旦我锐利的眼睛瞄准 –
或强劲的拇指一搭 –

尽管我可能比他 – 活得更久
他却一定活得 – 比我更长 –
因为我只有杀戮的权力，
却没有权力 – 死亡 –

"下雪啦！"

奥斯汀是第一个起床的。他边喊边冲向妹妹的房间，拉维尼亚跃上窗台向外望去：花园里银装素裹，玉树琼枝。

三个孩子争先恐后跑下楼梯，套上靴子，裹上大衣，戴上围巾、帽子和手套。父亲在楼梯下打量着他们，神情凝重，一言不发。见状，孩子们才有所收敛。

茫茫雪地还没有足迹，完好如初。在这张白色画卷上，孩子们先是用脚步踏出了三个纵横交错的迷宫。嬉戏打闹中，雪球在他们的暗色大衣上炸开，留下面粉般的痕迹。

艾米莉跑得上气不接下气，任由自己在雪地中仰面瘫倒下去。她平躺着，来回摆动两臂和双腿，远远望去，像是天使的形状。奥斯汀和拉维尼亚也在她的身侧躺下，三个雪天使的图案并肩排列着，好像一排玩具纸娃娃。

雪还在下。雪絮飘落在通红的脸颊上，有一种灼烧的感觉。孩子们的睫毛像是挂满了糖霜。他们起身以后，身形还印在雪里，像是三座小小的卧像。

若干年后一个初冬的清晨，艾米莉从窗口探出身去，她又看见了那三个年幼的鬼魂，他们分别是五岁、七岁和九岁。韶华不再，像被埋葬般消失得无影无踪。面对初雪，她放声痛哭。

奥蒂斯·艾伦·布拉德为三兄妹所作画像

在奥蒂斯·艾伦·布拉德*所作的肖像中，三个孩子的模样好像是照着某个大人（不知是父亲还是母亲）抄来的，只是缩小成了儿童的比例：他们眼神凌厉，鼻头尖锐，笑容呆滞。三人除了着装不同，相貌如出一辙：奥斯汀身着白领黑色西装，女孩们穿着蕾丝领连衣裙（拉维尼亚的裙子是水绿色的，艾米莉的则是一种更深的草绿色）。三个孩子似乎都梳着偏分的齐耳短发，也有可能女孩们是把头发别在了脑后。无论是用当时还是现代的眼光来看，都会误以为这幅画作是为了纪念三个夭折的孩子，而画中的面容是按照三兄妹成年以后的容貌还原出来的。

[F317]
喜悦正如转瞬即逝
或二者恰成正比
就像学堂上所说 –
彩虹的方式 –
一束
光彩，抛出，在雨后，
那分鲜亮，如此惬意，
若非转瞬即逝
亦是滋补 – ？

我们当然深知，画中的孩子没有夭折，他们都长大了，其中一个甚至拥有了自己的孩子。也许，这幅油画就是要向世人说明，长大成人并不意味着孩子没有死去。

---

* 　奥蒂斯·艾伦·布拉德（Otis Allen Bullard，1816—1853），居住于纽约的美国画家。

"它能否久长"
我询问东方，
当那弯弯的彩带
搭建在我童稚的
苍穹 –
而我，满心欢喜，
视彩虹为日常风景，
而空荡荡的天空
古怪稀奇 – ？

生活亦如是 –
蝴蝶亦如是 –
魔术 – 透过惊恐来看 –
它们会欺骗视力 –
也赐予远方的纬度 –
某个突兀的清晨 –
我们的那一份 – 在时尚中
结束 –

他们经过主街上狄金森家的老宅。这座气势恢宏的房子是由祖父塞缪尔建造的。

"你就是在这里出生的。"奥斯汀对艾米莉说道。

她知道。兄妹三人都在这里出生。她在心里默默回应："我也将会在这里死去。"

"祖父建房的时候，这可是城里的第一座砖楼呢。"

这她也知道。她曾经在这里生活了十年，这座豪宅的一切，对她来说都不陌生。甚至后来，祖父在羞愧和屈辱中将这处宅邸变卖给新房主马克，而他们仍旧和新房主一家同住在这片屋檐之下。狄金森一家住在西侧，马克一家住在东侧。每次艾米莉在走廊里遇见对方，都像撞到鬼魂或是小偷一样惊恐。这些陌生人，在她的家里做什么？

离开这里六年后，她还保留着关于这里最细微的回忆，金色木地板刚打过蜡的味道；阳光穿过父亲书房的百叶，打在烫金的书脊上闪闪发光；牛奶作坊的幽光，她和奥斯汀总去那里偷舔奶瓶口凝结的奶油；凉爽的地窖，总是散发出甜菜和洋葱的清香；还有她明亮通透的卧室。

她知道她会重新成为这座房子的主人。她是对的。1855 年，艾米莉的父亲买回祖父的故居，全家人又迁回这里。这次，没有外人了。砖面粉刷一新，漆成了香草黄，百叶窗涂成了森林绿。

修缮房屋的同时，父亲还加建了一间玻璃温室，后来艾米莉在这里种下了许多奇花异草。这个非常之举，似乎证明了她对园艺的青睐。

二十五岁回到狄金森家园，她似乎瞬间抹去了过去十五年间的记忆。好不容易回到童年的居所，她发誓再也不要离开——无论是房子，还是童年。

二十五岁回到狄金森家园，她暗自思忖，所有家庭成员里，她最钟爱的，可能就是这座房子了吧？

从十岁到二十五岁的十五年间，艾米莉一直住在普莱曾特街的居所。房子背靠着墓地，每个月有那么几次，她会看见窗外送葬的队伍。

在主屋的不远处，有一间木板搭出的小屋，做谷仓或是马厩可能有些小了。于是他们在这里养了一头睫毛长长的奶牛，叫多萝西，早晚挤两次奶，产出的牛奶和制成的奶油够全家人食用。旁边的马房里有一匹枣红色的骏马，叫公爵，父亲每每外出都将它套上马车。三只母鸡——格温、伍温和艾德维格，每两天下一颗蛋，缩在狭小的鸡舍里咯咯叫。还有一只叫佩克的公鸡，总是守着母鸡寸步不离。另外还有一头猪——不过它没有名字。为了让猪长膘，整个夏天大家都在用厨余喂它，菜皮、菜梗、剩菜，它什么都吃。到了秋天猪就被宰了，做成了香肠、烤肉和猪排，可以一直吃到来年。

从这头猪身上，艾米莉吸取了一个教训：有个名字很重要。

几个月来，我反复阅读艾米莉的诗集和书信，认真查阅了研究她的专著和文献，还努力搜集了狄金森时期家族大宅、长青居以及阿默斯特的照片。直到现在，这座城市都还只停留在纸面上。要想成就一部佳作，是这样纸上谈兵就已足够，还是该去实地造访那两座已经被改造成博物馆的故居？换个更简单的问法：是根据认知和经验如实描述，还是行使自由创作的权利？只不过四个小时的车程，我为何犹豫？从什么时候开始，我对提笔写作有所畏难？夏天就要过去，我犹豫得越久，能看见的景象就越萧索。很快，艾米莉的花园里就只剩下残花败柳了。又或许，我们应当用心体会的，恰恰不是盛夏的枝繁叶茂，而是这般荒凉零落？

爱德华·狄金森对孩子们表面和蔼，实则严厉，即便是圣诞节也不例外。冷杉树用爆米花花环、苹果干圆圈和白纸揉成的雪团装饰好，便是圣诞树了。树下，放着孩子们的礼物。这些礼物是用牛皮纸和麻绳包装的，仿佛本来是要送去邮局寄走的包裹，只是在最后一刻改了主意。

孩子们由长至幼排队上前，领取各自的礼物，另外还有一个橙子和一根麦芽拐杖糖。父亲挑选的礼物饱含他本人的气质：爱德华·狄金森一向反对宠溺孩子，女孩也不能例外。因此家里鲜少见到布偶娃娃或者毛绒玩具，放眼望去，全是书籍和版画。

这一年，奥斯汀收到的礼物是一个制作精良、典雅低调的书信礼盒，里面装有写信所需的全套文具：钢笔、小刀、墨水、信纸、信封、吸墨纸和皮垫板。他触摸钢笔银尖的表情，就好像别家孩子在爱抚玩具小兵手里紧握的刺刀。

轮到艾米莉了。她缓步向前，屈膝作礼。父亲将手放在她的头顶表示祝福，母亲也在她的额头轻轻一吻，轻到她几乎感受不到。他们将准备好的礼物递给她。这个长形的包裹，摸起来像是一截水管。她生怕把包装撕坏了，小心翼翼地拆开，一个桶状的物体跃然眼前。长度约有两掌，一端大，一端小，箍着金圈。

"是望远镜！"她欢呼道。

"差不多吧。"父亲回答。

"朝里面看看。"奥斯汀鼓励她。

一开始，她只能看见一些毫无意义的彩色斑点；接着，这些斑点变成了半透明的宝石。她看见彩点组成了一棵四分五裂的圣诞树，转动筒圈，碎屑散开了，又拼凑出一些似曾相识却不可思议的图案。它们交映相融，时聚时散，千变万化，像是她失手把屋子摔碎在了地上，急切地左右转动想要修补。

艾米莉感觉有些晕眩了，从镜筒中移开视线。这个小物件，将世界原原本本地收入囊中，待归还时，已经面目全非。

拉维尼亚拆开她的礼物，发现是一个精美的针线盒。这时艾米莉突然说出一句让人匪夷所思的话："可我已经有那么多书了……"

良久，母亲回应："我们都知道，艾米莉，这不是书，你知道的。"

这确实不是书，但要怎么向她解释，这也并非不是书？

只有奥斯汀能够理解其中的奥妙，递给她一个眼神。兄妹之间有着无言的默契。后来，奥斯汀用他收到的这个书信礼盒给艾米莉写下了第一封信——《本宅淑女》*。而她，用万花筒丈量这里的每一寸土地。厨房、客厅、餐厅，最后是她的卧室，房间在她转动的手指间逐个坍塌，碎成瓦砾。

艾米莉的书架上，陈列有序的书本好似列队的士兵。一本关着飞鸟，一本夹着珍贝，还有一本，整个太阳系尽在其中：水星、

---

* *Dear Lady of the House*。

金星、地球、火星、木星、土星和天王星。还有莎士比亚全集和囊括一切真理的《圣经》。

她的房间远不止此。那些空白的纸簿还只字未写，它们还在等待一些天马行空的幻想——飞禽走兽、奇树异草，还有她脑中充斥的大小宇宙，这便是她房间里那无人知晓的隐秘角落。

艾米莉曾就读于阿默斯特学院，这所院校由祖父创办，父亲在此主管财务。这个小城里，几乎没有一家商铺、一桩买卖不曾获得爱德华·狄金森的协助。后来，他还曾就任美国国会议员，影响力甚至超越了国界。而祖父早些年曾担任参议院议员。奥斯汀自然也追随着他们的脚步，在结束阿默斯特学院的学业后，奔赴哈佛大学专攻法律。

家族的女性当中，母亲艾米莉·诺克罗斯精通园艺，妹妹拉维尼亚擅长刺绣。而艾米莉似乎遗传了母亲的天赋，兰花在她的照料下竞相怒放。

狄金森制作的植物标本集内页

艾米莉·狄金森少年时期制作的植物标本集现存于哈佛大学霍顿图书馆。图集经过数字化处理可供读者在线查阅，以保证原本的整洁完好。

六十六页的册子，汇集了艾米莉精心制作的四百二十四种植物的压花标本。它不仅展现出了学术上的严谨，更带给人情趣上的享受。有一些压花，至今仍残留着一百五十年前采摘时的色彩。尤其是黄色系的花朵，似乎并未受到岁月过多的摧残：金黄色虽已幻化成土黄色，芥末黄也已氧化成锈，但仅凭肉眼和直觉，还是能辨认出一簇雏菊的花团。叶片看起来像是毛毡的材质，微微泛灰了，仿佛经年被灰烬笼罩着。

观花如读史。从左到右，自上而下，而这故事，就是由茉莉开篇的。茉莉在制香业中占据魁首的地位，自古以来就象征着爱情与欲望——传说中，埃及艳后不就是划着曾在茉莉香精中浸泡过的船桨去迎接马克·安东尼的吗？但我更愿意相信，并不是这古老而炽热的特性赋予了茉莉百花王后的地位，而是它作为茶饮那谦逊而平凡的用途：在热水中撒入一撮茶叶和几个花苞，就能成就一杯精致茶饮。

第二个植物是女贞。开出香气馥郁的白色花朵后，女贞会结出有毒的黑色浆果。从这种果实中，人们可以提取出一种可为念珠手串着色的染料和版画师喜用的一种紫色墨水。

二蕊紫苏宽阔的锯齿形叶片标本，占据了页面中心的位置。这种芳香作物的气味与薄荷相似，被用以治疗多种呼吸系统疾病。早在艾米莉制作标本集的几百年之前，甚至早在清教徒建立他们的陆上王国之前，马萨诸塞州的当地人就将二蕊紫苏作为单味药草，用以治疗严寒中因为坏血病而倒在雪地里的第一批殖民地移民。简而言之，这是一种能让人起死回生的草本。

页面左下角又是一株茉莉，贴在马蹄野豌豆的旁边。对珠光色双翼的蓝色灰眼蝶来说，马蹄草是它幼虫时代唯一的食物来源。

关于艾米莉在制作标本集时，是否把自己当成一个作家，我们无从知晓。不过，图鉴的第一页就已经集齐了一个诗人所需的一切：颜料能做成墨水涂涂写写，草本能招来蝴蝶觅食，膏药能救人性命，还有用来泡饮的花苞。

如同这些标本，艾米莉也在一张张书页中度过冬天。

客厅里，艾米莉与落地钟面面相觑。艾米莉的身材挺拔、流畅，落地钟也是。机械齿轮隐藏在它胡桃木的盔甲下。精细的指针在白色表盘上转动。膝盖高的位置，镀金的钟摆很有分量，左右摆动着。人们可以听见它的心跳。艾米莉身着一袭蓝色，这个颜色并不衬她的肤色，她却毫不在意。艾米莉根本没有舒适的衣物：亚麻衬裤实在粗糙，蕾丝花边扎痒了脖子，天鹅绒的面料又太过柔软，让她不寒而栗。如果可以，她宁愿不穿，或是也把胡桃木、红桃木当衣服穿。已经十三岁的年纪了，艾米莉还是不会看时间，她就是学不会。

艾米莉盯着时针目不转睛。就好像稍一分心，这个庞然大物就会将她吞噬。沙漏里装着沙，漏壶中储着水，而钟表内，堆着满满的时间。

所有的时间都会倾泻而出，那些狂热的时光，酝酿睡意的时光，噩梦缠绕的时光，静默间漫长的时光，还有她出生和死去的时光，这些片段纠缠连绵，串起一条绳索扼住了她的喉咙。艾米莉屏住呼吸。时针向前跃了一步，钟声回荡，振聋发聩，犹如教堂里的管风琴。世界得救了。艾米莉蹦蹦跳跳地离开了，留下时针还在前行，指示着她不愿念出的时刻。

有几年，每次我们去海边，我都会带走一把玛瑙，白色的、红棕的、淡黄的、橙红的，还有几块淡蓝色的海玻璃，它们经过海浪的打磨已是圆润光滑。回到家，我就把它们摆在书架的空位上。今天再拿起这些石子，仿佛那些天高气爽、沙滩漫步的时光已经凝结成晶，如同树汁固结成了琥珀。我将时光紧握在手心。

艾米莉的远房表姐索菲亚·霍兰德是她最好的朋友。她皮肤白皙，总是挂着青紫色的黑眼圈，双颊凹陷，瞳仁明亮。在海边度过一个夏季，索菲亚的脸庞被罩上了薄薄的古铜色。一身白色的裙子让她光芒四射。

"我给你带了个好东西。"她向艾米莉宣告。

"是什么？"

"你猜。"

艾米莉闭上眼睛，伸出一只手。索菲亚在她的手心放了一个扁平的东西，比鹅卵石轻些，摸起来差不多是正圆形的。艾米莉用指尖摩挲着感受它的质感，不怎么粗糙，有点像天鹅绒浸过水又晾干后发硬了；一面微微凸起，仔细摸能感觉到一些缺口。

"我猜不出来。"她说着睁开了眼睛。

"这是一枚沙钱哦。"

艾米莉端详着，隆起的那面上有一朵五瓣的小花，莫非是在石灰岩上刻了一颗星星。

"是贝壳吗？"

"是一种海胆。一种有花没刺的海胆。"

"它还活着吗？"

艾米莉把耳朵贴在沙钱上，想要听听它还有没有心跳。

"估计死了。也可能还活着。"

"我也有好东西给你。"艾米莉轻声说。

艾米莉从口袋里拿出一张对折的卡片，里面粘着她最珍贵的礼物：一株四叶草。

"听说四叶草能带来好运。"

索菲亚郑重地点头。

这一晚，艾米莉的手在枕头下紧紧攥着那枚沙钱。她梦见在另一个国度，她用沙钱换来好多宝贝：知更鸟的啼叫、初雪、永不空瓶的墨水罐，还有为人生延续的时日。

狄金森制作的四叶草标本

兄妹三人在面前展开一本地图册。只消弹指一挥，他们就能跋山涉水越过国界。艾米莉只喜欢在纸上旅行。有几页图册标注着一些不知名的国家；在另外几页上，她发现了几个熟悉的国名。

"你看，从阿默斯特去波士顿，要穿过斯普林菲尔德、莱斯特、伍斯特、林登、沃尔瑟姆。"奥斯汀教艾米莉看地图。

艾米莉一边念，一边用手指把地图上这些城市连起来。

"除了这个，"奥斯汀指着林登*，"这个城市根本就不存在。"

艾米莉看着他表示不解。这个城市和其他的地名用一样的字体印在地图上，地图可不会骗人。

"这个地方只存在于地图上。"奥斯汀进一步解释，"我知道这个秘密是因为这条路我走了好多趟了。那儿只有一个小树林和几片玉米地。连个茅草屋都没有。"

"这怎么可能？"艾米莉追问。

"这是一个纸上城市。画地图的人凭空编造了这么一个城市，就是为了保证别人不把他们的劳动果实给偷走。"

"偷一个城市，这个想法好古怪啊。"艾米莉说出自己的心声。

"那些人要偷的不是一个城市，而是城市的名字和路线图。"奥斯汀纠正她，"如果这本地图的出版商偶然发现有别的地图也

---

* Linden，又有菩提树之意。

标了林登市，那就证明别人剽窃了他们的作品。"

"一个纸上城市。"艾米莉念念有词。

艾米莉的房间里，摆放着一张床、一个五斗橱、一套桌椅，还有成摞成摞的书籍。这些书本包罗万象，虚虚实实，写尽了世上国，空中星，花鸟鱼虫，奇珍异植。书中写着书，就好似身处镜厅，每一面镜子里都有另一面镜子，镜中镜越来越小，直到镜中人只有蚂蚁般大小。

每本书里都藏着百本书。这些大门一旦打开便再也不会关上了。穿堂风从四面八方吹向艾米莉。艾米莉始终需要一件保暖的毛衣。

艾米莉身旁的《圣经》里，这些存续的和消失的、真实的和虚幻的城市就散落在薄薄的纸页之中：耶路撒冷，伯利恒，示巴，迦拿，索多玛与蛾摩拉，迦百农，耶利哥，巴比伦。

每每翻开经书，艾米莉就能看见这些纷繁多样的城市跃然纸上，就像孩子的折纸书，一座座纸屋、城堡、森林从书中拔地而起。

金色的阳光透过窗户，像蜜糖一样流淌进来。午后充足的光线将艾米莉周身笼罩，她甚至觉得自己像一只蜜蜂被封印在了琥珀之中。狄金森家的每个人都在各忙各的。父亲在为与重要客户会面而整理准备；母亲的偏头疼又犯了；奥斯汀在复习语法；拉维尼亚绣着一只靠枕，猫老老实实地趴在她的膝盖上；而艾米莉，在楼上的房间里给一个臆想中的收件人写信。如果她才华过人，也许有一天，这个收件人会出现呢。

文字是一种被钉在了纸上的脆弱生物。它们像蝴蝶一样在房间里漫天飞舞。而那些没有缤纷色彩和冒险精神的蝴蝶，只能是一摞毛料里飞出来的蛾子。

那一晚，艾米莉读了一本书，作者是法国人，在书中讲述了一个犹太人活过一百次人生的故事。一百次人生，那又如何？他一次都没有当过小鸟。

[F314]
"希望"是有羽毛的事物 –
它栖息于灵魂里 –
唱着没有歌词的旋律 –
从不 – 停息 –

狂风中 – 听来 – 最甜美 –
那风暴一定太凶猛 –
竟让这只小小鸟儿受挫
她守护着多少热情 –

我听到它，在最寒冷的土地 –
还有最陌生的海域
可是，在绝境中 – 它从未
向我索求过 – 一点一滴。

狄金森*（Dickinson），son，之子；Dick，理查德的缩写，狮心†。

　　所有的这些詹姆斯、拿但业之子、亚瑟、托马斯、马修，所有的这些约翰，这些威廉、彼得、约瑟夫之子、阿尔伯特之子、弗朗西斯之子、塞缪尔之子，这条男性血脉在她这里终结了。

　　怎么没有名字来称呼"之女"？她就那么微不足道，以至于连个名字都没有？艾米莉，就叫作苹果心好了。

---

*　Dickinson，音译为狄金森，直译为"迪克之子"。

†　Dick，中译迪克，是 Richard（理查德）的简短叫法。理查德一世（Richard I，1157—1199）是中世纪英格兰王国的国王，因其骁勇善战而拥有"狮心王"的称号。

窗外已现出秋色。夏天的陨落，就像一枚翅果种子在空中不停飞旋，最终被风带向地球的另一端才终于落了地。花园里的叶子，还带着夏季的炽热，呈现出一种菠菜般的深绿。叶片上罩着一层灰白的薄纱，好像蘑菇上蒙着的白霜。它们很快就会变得如石榴般红、柠檬般黄或是橙子般橘。而在热带地区，全年都是夏季，水果因而特别馥郁甘甜。树叶变成莓红色时，秋天已经将春天拥入怀中。

[F935]
不知不觉，有如忧伤
夏季就这样悄然离去 –
如此不知不觉，看不出
背信弃义的痕迹 –

一种蒸馏出的静谧
当暮光变得悠长，
或是大自然独自消磨
她归隐的午后时光 –

黄昏提早进场 –
清晨露出陌生的脸庞 –
一种礼貌而恼人的优雅，
像客人，即将道别的模样 –

如此，没有一片羽翼
也无须任何舟楫
我们的夏季轻快地逃入
美的领地。

遗体就平放在霍兰德家的餐桌上。她认出了索菲亚的轮廓，可她的脸却像是一张蜡黄的面具。艾米莉踮着脚尖靠近，好像生怕吵醒一个沉睡的孩子。

索菲亚穿着她最美的粉色裙子，袖口和领口都缀着一圈花边，脚上是一双漆皮的短靴，精心烫卷的头发上别着一个蝴蝶结。艾米莉想象着霍兰德夫人给女儿梳头的样子，一定像在打扮一个娃娃。人们在说一些她听不懂的话：斑疹伤寒、怜悯、上帝的旨意。

索菲亚看起来既不平静，也不安详，更不像睡着了，索菲亚根本就不在这里。她被一具躯壳换走了。艾米莉又向前靠近，就快要碰着她了。一股青紫色从她灰白的皮肤里透出来，艾米莉不禁联想到炎炎夏日里放馊了的猪皮。艾米莉漠视四周，没有人在关注她。她将手伸进罩裙，摸出去年夏天索菲亚送给她的沙钱，缓缓塞进粉红色裙子的口袋里。她希望这枚沙钱足以让索菲亚去兑换梦想。

她没有哭，只是在空空的口袋里攥紧了双拳，直到十指麻木。可是晚餐一上桌，灯光照得火腿油光锃亮，艾米莉的胃里突然翻江倒海。

[F528]

不是死去，让我们如此伤痛 –
是活着 – 伤我们更重 –
然而死去 – 是不一样的路途 –
这种伤躲在门后 –

44

那是鸟儿 – 南飞的习性 –
当霜降刚刚来临 –
就另谋更好的纬度 –
我们 – 是留下来的 – 鸟儿。

一群颤抖者守在农场主的门口 –
为了那勉强扔出的一口面包 –
我们约定 – 直到怜悯的雪花
劝我们的羽毛，回家

学校离家的路程并不太长，可艾米莉却觉得像是穿过了好几块大陆又渡过了好几片汪洋。马蹄铁击打地面，和老爷钟上转动的秒针发出同样的节奏。父亲驾着马车一言不发。艾米莉被一种前所未有的情绪所占据：她惴惴不安，又心急如焚，好像有一群蚂蚁沿着她的腿往上爬，又有几只蝴蝶在她的胃里扑腾。这种感觉并没有让她不快，她反而觉得旅途中多了些许陪伴。

曼荷莲女子神学院[*]是一座宏伟规整的四层建筑，每一层楼都有十六扇窗户整齐地排列着。艾米莉猜想，顶上两层应该是学生和教师的宿舍。屋顶上还插着七根烟囱。

"您不觉得看起来很像生日蜡烛吗，父亲？"

"嗯？"

"那些烟囱。"

他望了一眼便又转过脸，这个好奇的孩子说出的话永远那么出人意料。

"其实也不像蜡烛，"艾米莉接着说，"更像一艘巨型邮轮的烟囱，它就停靠在这里，一片原野的中央。"

---

* 曼荷莲女子神学院，现名曼荷莲学院（Mount Holyoke College，又译蒙特霍利约克学院），因其校址靠近荷莲山脉（Holyoke Range）而得名。该校是一座顶尖的私立女子文理学院，坐落于马萨诸塞州南哈德利镇，由教育家玛丽·里昂于 1837 年创立，以培养出众多领域的女性领袖而闻名。艾米莉完成阿默斯特学院的学业后，曾于 1847—1848 年在此读书。

"我能想到的是，有了这些烟囱，你们冬天就不会挨冻了。"父亲一边说一边停下马车。

父女俩先下了车，爱德华又卸下了艾米莉的大行李箱，里面装着她的裙子、披肩、衬裙、鞋子，还有几本书和她的万花筒。

里昂夫人*来接他们。她疲惫的脸上沟壑纵横，但仍和蔼地微笑着，眼里散发出智慧的光芒。还没来得及和爱德华打招呼，她先向艾米莉问好：

"欢迎你，艾米莉。"

艾米莉向她屈膝行礼。父亲径直走向大门，把行李箱留在原地等人来扛。里昂夫人弯下了腰，抓住旅行箱一头的皮把手，没有言语便拖起了这个沉重的箱子。艾米莉见状，赶紧上前握住了另一头的把手。凭借两人的力量，她们才勉强抬起了箱子。

"什么情况！"爱德华终于转过头，看见她们的举动惊讶地喊道。

他犹豫了一下，不知道该先去帮谁，是清瘦的女儿，还是学校的校长。最终他选择了后者。她配合地放开把手，又示意艾米莉也松手，解释说：

"我应该跟您提起过，狄金森先生，我们学校没有校工，学校里的所有杂务都是由师生共同完成的。这是一个教育学生、锻炼教师的好机会。"

艾米莉执拗地不愿放手。最终她和父亲一起把大箱子抬到了

门口，有两个老师在那里接应他们。

斗转星移，父亲教会了她很多重要的事，他说教过，传授过，教育过，惩戒过，但这是他们第一次共同做一件事。之后他一刻也没有耽搁，单手撑着酸痛的后腰，立即返程了。谁能想到几块布料会这么沉呢？

X

Hope is the thing with
feathers -
that perches in the soul -
And sings the tune without
the words -
And never stops - at all -

And sweetest - in the Gale -
is heard -
And sore must be the storm
that could abash the
little Bird
that kept so many warm -

I've heard it in the Chillest
Land -
And on the strangest Sea -
Yet, never, in Extremity,
It asked a crumb of me.

"希望"是有羽毛的事物 –
它栖息于灵魂里 –

……

女儿出生后的几个月，我丈夫的公司在波士顿设立了一个新的办事处。我们搬去那里后租住的第一套公寓，就在一条名为荷莲*路的街道上。我那时觉得这是一个奇怪的路名——其实一切对我而言都很新奇，可我根本没有深想过这条路为什么叫这个名字，这个名字背后又有什么含义。

我们居住的南端区[†]，是英国本土以外规模最大的维多利亚风格街区，这座红色砖楼是当地一栋典型的居民楼，我们租下了这里的二层和三层。从街上望去，飘窗的玻璃像晶莹剔透的冰块，在冬日的阳光下波光粼粼。附近的人行道也都是用同样的红砖铺成的，经年的霜冻和错节的树根顶得路面坑坑洼洼，仿佛随着地底的潮水在波动起伏。这些砖块来自十八到十九世纪间往返于各个码头的帆船，原本是用来压舱的，和我们一样，环游了半个地球最终在这里落下脚来。

要想外出，得先走三段楼梯，再下一截露天的楼梯。楼梯陡峭得像船梯一般，台阶上还时常覆盖着薄冰。即便只是去楼上的厨房，我都需要鼓足勇气，总是害怕失足摔了怀里的女儿。有关这段过往的记忆已经

---

*　Holyoke，音译霍利约克，位于马萨诸塞州，1850 年设为镇，1873 年升级为市。曼荷莲女子神学院的"荷莲"二字由此词音译而来。霍利约克是美国最早规划的工业城市之一，以造纸业闻名。19 世纪末期，美国约 80% 的书写用纸都来自霍利约克，这个城市也因此得名"纸城"（the paper city）。

†　South End，南端区，是马萨诸塞州波士顿的一个社区，毗邻南波士顿、多彻斯特、后湾、唐人街和罗克斯伯里。南端的大部分土地建于潮汐沼泽之上，众多的维多利亚式排屋和街区公园是南端的最大特色。1973 年，南端被列入美国国家史迹名录。居住人口的多样化赋予了这个社区很大的活力。

模糊，想必我是被这楼梯囚禁在了三楼，几个星期一直闭门不出，只能怀抱着婴儿坐看窗外飘雪。

住在荷莲街的日子平淡无奇。人们总是裹得严严实实，每天早晚走在高低起伏的人行道上遛狗。黄昏之时，夕阳拉长身影，街道尽头华灯初上。有一天，我在街边一棵大树那光秃秃的树枝上发现了一个鸟巢，是几根细枝和一团蓝色毛线筑成的。春天已经如期而至。

Holyoke，荷莲，这个词是什么意思？我全然不知，也无意查询。我联想到了蛋黄，yolk，想象着生蛋黄的味道，竟感到有点恶心。而波士顿，是游子的守护圣者博托尔夫 * 的城市。我无意成为一名游子。一直以来，我所追求的恰恰是在一个地方扎根，获得归属。尽管我们并不打算出售欧特蒙 † 的房子，但似乎在反锁大门的那一刻，这栋小楼便不再属于我们；而眼下的这套公寓也并不是我们的家。我们无家可归了。

依然记得第一天，经过漫长的旅途，我们终于在傍晚时分到达了公寓。在最后一抹余晖中，我们放下行李，又赶紧出门去乔氏超市采购生活用品。我的女儿因为筋疲力尽而哭闹不休，而我更是欲哭无泪。炫目的霓虹灯照亮了卖场，我走在货架中间望不见尽头的长长过道上，空空的购物车

---

* 博托尔夫（Botolph，？— 680），7 世纪英国修士，被视为旅行者和商人的主保圣人。其生平并无可靠翔实的记载。英国林肯郡的一个城镇因博托尔夫而取名为 Saint Botolph's Town（圣博托尔夫之城），简写为 Boston（波士顿）。1620 年，一批受迫害的英国清教徒搭乘船只，经过长期艰苦的旅行，最终到达美国马萨诸塞州，并在查尔斯河入海口的区域定居。这批移民中的大部分人来自英国林肯郡的波士顿，他们便以故乡的名字命名了新的居住地，即今天的波士顿。

† 欧特蒙（Outremont）曾是一个古老的城镇，于 2002 年被设为加拿大魁北克省蒙特利尔市的一个区，约 61% 的人口将法语作为常用语言。

里只有一个鹰嘴豆泥罐头。我只想找个地方坐下，随便哪里都行，抱着我的宝宝，吃上一口热饭。我感觉自己要晕倒了。我垂头丧气地说道：

"这儿根本没有什么能吃的。"

说完，我站在熙熙攘攘的超市中央号啕大哭起来。

几周之前，有人问我：

"你为什么不想离开蒙特利尔的家？最让你不舍的是什么？"

我本以为他们问我这个问题的目的，是想让我意识到我最留恋的东西，这样我就可以想方设法把它带走，或是找个替代品，再不济复制一个一样的，或是差不多的。

回答之前我思考了良久，最后我说：

"是从我的书房望出去的那棵树。"

在神学院，艾米莉和同学们学习的科目有拉丁语、植物学、天文、历史、矿物学、文学和数学。兴许人们忘记了她们只是女孩而已。

毋庸置疑，书本说着世间的万物。这些书本代代流传，厚厚的书页间裹挟着尘埃，她们在字里行间学习了关于矿石、星球和昆虫的知识。但对艾米莉而言，一切恰恰相反，世间万物也在讲述书中的故事。

一天早上，艾米莉眺望丛林，她看见有几枝树杈在静止的森林间摇晃。一开始她只看见树叶轻轻抖动，也许是一缕清风刚刚拂过；可紧接着，她看清楚了，是树在移动。她想起了莎士比亚笔下魔幻的勃南森林*，士兵披着树叶和树枝作为伪装，在铠甲的碰撞声中向邓斯纳恩的高山移动。

但艾米莉看到的景象却不尽相同。这周，老师刚在课堂上向她们展示过红树林的版画，图中红树长长的气根†，好像从水中伸出的手指和脚趾，因此红树也被称作"行进的树木"。她看见

---

* 　在莎士比亚的戏剧《麦克白》中，女巫曾召出一个手持树枝的加冕小孩，他预言主人公麦克白绝不会被人打败，除非有一天勃南森林（Birnam Woods）向其城堡所在的邓斯纳恩高山移动。麦克白认为树林绝不可能移动，因此坚信自己不可能为任何人所打败。然而向麦克白复仇的部队伪装成了树林向邓斯纳恩行进，一切也皆如女巫所预言的那样，麦克白最终被打败。

† 　红树植物暴露于地面的根部称为气根，有气体交换和加固支撑的作用。

由枫树、松树、白蜡和橡树组成的部队缓慢地从地下伸出了树根，它们稳扎稳打，在地表舒展绵延，呼吸着，然后又向侧面和前方迈出新的根须，像一个人拖着一条伤腿，重新学习走路。枝丫巧妙地平衡着重心，树干微微后仰，树根拔地而起，攀得并不高，但展现出顽强的意志。霎时间，鸟儿飞离巢穴，松鼠蹿上枝丫，所有动物都陷入惊恐，原本默默踱步的树木联军瞬间发出巨响，震耳欲聋，方圆数里都能听见。树林现在跑起来了，它像一波巨浪翻滚向前，叶片耸动声呼啸而过。它将拔掉的不仅是敌军的据点，还有这个省，甚至荷莲山脉。艾米莉在窗边紧闭着双眼，等待着这势如潮涌的军队。

可惜这里实在无敌可攻，无城可夺，无营可围，有的只是一群小鹅，她就是其中之一。小鹅在市场上是什么行情？应该并不太贵。

她很确信的是，树真的动了。在她的身侧，麦克白表示难以置信。确实，游吟诗人莎士比亚笔下的人物总是疑虑重重，又或许，是因为他们听信了谗言。哪个部队会在四月的清晨突袭一个神学院呀？

树又动了，这次它真的在走。

原来，是一头大约两岁的公鹿，它的鹿角在头顶高高矗立，如同一顶由粗壮橡树做成的王冠。

[F165]
我从未见过"火山" –
然而，听旅行者讲
那些古老的 – 冷漠的山峦
通常是多么平静

里面却装着 - 恐怖的军火库，
枪炮，火光，和烟尘 -
把村庄吞下去，作早餐，
还有惊恐的人群 -

若是火山一般的平静
在人的面孔上
下面是泰坦式的痛苦
而外表安然无恙

到最后，阴燃的痛苦
会不会压制不住，
而发抖的葡萄园
一片烟尘中，被抛出？

某个深情的古文物学家，
在收回日的清晨，
会不会向那复归的山峰
兴奋地呼喊"庞贝"！

既然接受了家长们的托付，里昂夫人便立志，不仅要武装女孩们的头脑，还要拯救她们的灵魂。为此，她引领着孩子们走上信主之路；为了真正实现理想，她从不通过恐吓或者威胁的方式逼迫她们信服——绝不能倚赖地狱之法说服她们入住天国。这些年轻的少女通达、开化，她们懂得自省，遵从自由意志。她将权利——说"是"的权利，交给她们自己。

她用坚定平和的嗓音问道："你们当中有谁，已经在日常生活和内心深处接受了主的存在？"

和所有获得了上帝庇护的教徒一样，她表情仁慈，眼神纯净。信仰照亮了她宁静的灵魂。

大部分女孩举起了手。她们之中，有几只手微微颤抖着，其余的几张面孔都流露出自豪之情。她环顾教室。

"谁渴望拥抱主？"

剩下的大部分女孩举手了。里昂夫人等待着。最后，她又问道：

"谁没有信心接纳主？"

有六七个孩子举起了手。艾米莉，就是其中的一个。

这是什么样的神，既是可怖的圣父，又是崇高的圣子和虚幻的圣灵*？他为什么不愿显露真身，拒绝为人所知？为何他只将恩惠施予一部分人？怎样爱主才是正确的方式？假装爱主吗？他——他们——既然知晓一切，不会发现这般虚情假意吗？比起"主是奥秘""主是静默"这样的说法，这个谎言不是更恶劣吗？艾米莉是通过语言来认识世界的，而主是神秘的，他的旨意又不能通过语言来表达。上帝既然不匿于教堂之中，那么在钦定版《圣经》泛黄的纸张中寻找他的踪迹也是枉费时日。这个版本的《圣经》，狄金森家至少有八册，一人一本尚有富余。抬头仰望天空，艾米莉只能看见朵朵浮云。如果说天空是正义的栖息之所，是不是意味着，正义已经变成了飞鸟？

[F373]

这个世界不是终结
外面还有一个物种 –
看不见，如音乐 –
但确切，如声音 –
它召唤，它困扰 –
哲学，并不清楚 –
一个谜语，到最后
睿智，不得不进入 –
猜测它 – 难住了学者 –
获取它，多少人承受
羞辱，代代相续
还有十字架，出场 –
信仰滑倒 – 笑 – 复原 –
脸红，如果看见什么 –
摘一条小树杈做证 –
向风向标，问路 –
讲道坛上 – 多少身姿 –
强劲的"哈利路亚"奔涌不息 –
麻醉剂也无法终止
牙齿对灵魂的啃噬 –

---

* 此处指基督教"三位一体"的教义，指上帝只有一个，但包括圣父、圣子基督耶稣和圣灵三个位格。

冬日里，曼荷莲的太阳早早落山了。年轻的女孩们在灯下吃着晚餐，窗外的田野已被阴影笼罩。艾米莉负责摆放餐具，她仔细而专注，这是她一贯的态度。她喜欢有意义的重复性劳动。每一把刀、每一把叉都是锚，将她牵在岸边。

白色餐盘在灯光下闪烁着瓷光，外面墨蓝色的背景下，鹅毛大雪漫天飞舞，在地面堆积，像一条兔毛毯子。晚餐装在一个大碗里，白菜、土豆、肉丁，还有白萝卜片和胡萝卜片，这是平常的一餐。学校允许女孩们边吃边聊，老师甚至鼓励她们在餐间多多交流。用餐完毕，值日的同学把餐具收走，其他女孩则回到楼上的集体宿舍，在换上睡衣前，她们会最后预习一遍第二天的功课。

她们互相考问对方：

"一群野鸡叫什么？"安娜问。

"Bouquet*。"伊布回答，"一群椋鸟呢？"

"Murmur†。"

"一群火烈鸟？"

"Flamboyance‡。一群猫头鹰呢？"

伊布犹豫了。艾米莉看着书，没抬眼，替她回答：

---

* 该词又有"花束"之意。

† 该词又有"私语"之意。

‡ 该词又有"华丽"之意。

"Parliament*。"

"完全正确。更难的来了啊。一群云雀，怎么说？"

"Exaltation†。"

"那一群蝴蝶呢？"

"Kaleidoscope‡。"

她观察着她们，纤细的腰肢，白净的罩衫，头发扎在脑后，虽然面容不同，但散发出的青春气息又让她们出奇地相似。要怎么称呼冬日夜晚一群神学院的女生？

女孩们聚在一起，她们兴奋，争论；她们华丽，私语，像万花筒一般。

---

* 该词又有"议会"之意。

† 该词又有"兴奋"之意。

‡ 该词又有"万花筒"之意。

［F560］
假如美妙的瞬间能久长 –
定会取代那天堂

极少数 – 冒险 – 获取 –
于是这一种 – 就不再给予 –

除非作为兴奋剂 – 每当
陷入迷惘绝望 –
或麻木昏聩 –
这天堂般的瞬间就是储备 –

一种神圣的恩赐 –
似乎来了，却又注定 –
收回 – 将惶恐的灵魂
留在她空无一物的房间 –

年轻的女孩们醒来后从床上一跃而起。睡前她们已将头发梳了又梳,起床后重复一次相同的程序。她们精心挑选着最白的衬衫和最美的发带,急急忙忙地换上。

这一天,一个小有名气的诗人要造访女校。他出过一本诗集,诗歌的主题大多有关荣耀、责任和灵魂。大部分女孩还没有见过真正的诗人,在她们的印象中,诗人往往只是一些雕塑。因此,她们此刻的兴奋程度不亚于看见了一个突然会动的雕像。

这位诗人走进教室,他的头发坚挺地向后梳着,好像要对抗一股看不见的狂风。即便如此,他仍旧不停地用手指捋着发丝,似乎是为了证明它们有多么桀骜不驯。这是一个英俊的男子:前额高耸,弯弯的眉毛之下是深邃的眼眸,鼻子好似鹰钩,薄薄的双唇彰显着他的深沉。他的演讲伴随着很多手势,其中有些手势完全是多余的。

他望向她们。这群端坐在他面前的女学生,年轻高挑,展现出一丝忸怩的神态。她们被他震慑住了——理应如此——她们揉搓着手指,摆弄着白色罩衫的衣角。每一个女孩的美丽都如出一辙,只有他自己是与众不同的。用眼角的余光,他瞥见自己映照在窗上的身影,然后便对着透明的孪生兄弟高谈阔论起来。

他说起话来字正腔圆,嗓音深邃低沉,胸腔发出阵阵共鸣,仿佛身处讲坛之上,努力让最遥远的听众也能听见他的演讲。艾米莉叹一口气。她同样在用余光注视着窗户。不过她的目光所追寻的，并不是自己的身影，而是窗外一个由树枝搭筑的鸟窝，里面卧着三颗青色的鸟蛋。

诗意就在那里，她知道。诗意并不存在于这个男人浮夸的言辞中，而隐藏在那薄薄蛋壳下，在即将诞生的小生灵的心间。

然而，她望着那个如孔雀般俊丽的诗人，禁不住微微战栗。

［F853］

她赌上她的羽毛 – 赢得一道弧 –
争论 – 再度升起 –
这一次 – 超出嫉妒
或众人的预估 –

现在，在圆周之间可见 –
她平稳的小船 –
优游自如 – 于巨浪之间 – 如同
在树枝，她的出生地 –

寝室里，身着纯白色睡裙的女孩们像是幽魂。她们挨个诉说着自己对未来的规划。

"我要嫁给村里的医生。"

"我会生两个儿子和一个女儿。"

"我未来的家是一栋有黑色百叶窗的白房子。"

"我打算一周读一本书。"

"我想整天都躺着，吃饼干、喝柠檬茶。"

"我会拥有一整座玫瑰园。"

"我要乘着轮船穿越大海。"

"我要学会小提琴、钢琴和竖琴。"

到艾米莉了。大家看着她。红褐色的头发让她的皮肤看起来比别人更白，几乎透明了，就像是她马上要飞走或是着火了一般。

"我要去林登生活。"

学期末，里昂夫人又一次清点虔诚的灵魂。长期熬夜学习让年轻的女孩们略显疲惫，不过展望着即将到来的圣诞节，她们的脸上又流露出一丝兴奋。考试将近，空气中充斥着焦虑与紧张的气息，散发出香草、潮湿羊毛和新鲜墨水的味道。

"已经发自内心接纳上帝的同学请坐下。"

几十个年轻女孩在长椅上坐下了。

"希望接纳上帝的同学请坐下。"

又一拨女孩落座了。站在好朋友身边的伊布犹豫了。她向朋友投去了哀求的眼神，恳请她一道坐下，如果不行，至少别怨恨她的选择。但是艾米莉没有扭过头，甚至没有看她一眼。伊布最终快速而僵硬地坐下了，艾米莉还站着，只剩她了。她是最后一个没有希望的女孩。

但是，当她仰望空中高高翱翔的加拿大黑雁时，对造物主的敬仰之情便油然而生，这场面让她心潮澎湃。密密麻麻的黑雁在空中发出嘎嘎的齐鸣，它们先是排成人字，然后各自散去，让人不禁想起汹涌的海浪。即便如此，大部分的说教对她依然毫无用处，上帝的存在时而让她窒息，时而让她恐惧。她的心脏不够强大，她的大脑也不够深邃，不足以容纳上帝的奥秘。最终，她得出结论，上帝很可能也不信她。

艾米莉面前成排的后脑勺紧紧挨着。她们的头发如丝缎般顺滑，精心梳理的发型，用发扣、蝴蝶结或是发带装饰着。天堂一定会很拥挤吧，穿着漆皮硬靴的她们肯定会踩到对方的脚趾。

没有希望，容易动摇，缺乏信仰，艾米莉就这样独自站着，昂首挺胸，幻想着无限的可能。

地狱，是的，地狱会清静许多。

［F437］

在下面 – 我不曾有在家之感 –
而在雄伟的天上
我也不会像在家里一样 – 我知道 –
我不喜欢天堂

因为那里每天都是 – 礼拜天 –
休息时刻 – 永不会来到 –
伊甸园将会是多么孤单
在晴朗的星期三午后

如果上帝能出门访友一回 –
或者哪怕打一个小盹儿 –
就不会总是看着我们 – 可他说
他是 – 一架望远镜

常年不断地将我们注视 –
我本人多想逃离
他 – 以及圣灵 – 那一切
可是还有一个"审判日"！

秋天已经过去，马上就到圣诞节了，可我还是没去过狄金森故居。这段时间里，我回了一趟我们在海边的家。每次回到那里，我都会发出惊叹，我们的房子居然还在。迟早有一天，它会被波涛卷走的。这二十年间，相邻的旅社就常受到海浪的侵袭。在四十年前的一场风暴中，狂风和巨浪几乎冲垮了这座小楼，以至于根本没法修补，只能拆了再建。我们隔壁的地块也因此收到了建造禁令。听说，在这场风暴中，海浪还掀翻了一位邻居的房子，把它卷到了几十米远的地方。用于建造海堤的圆木也被连根拔起，成了在大街小巷中浮浮沉沉的木筏。有个说法是，我们一年中有一半的时间住在船上，这艘船的船锚还随时有可能断裂。我觉得这个说法太贴切了。

每次回来，我总会赞叹这里的天空，竟比城里开阔清朗那么多，应该是紧挨着大海的缘故。因此每次离开，我都黯然神伤，我的女儿也是一样。她不明白我们为什么不能一直住在这里，四季都能踩浪花、堆沙堡。

这段时间里，凭着书本里的照片、亲历者和史学家的描述，我在脑海中还原了狄金森老宅的样子，每天早上我都会去这里探望艾米莉。我踮起脚尖走进门去，生怕踩穿了纸张铺成的楼板，我甚至不敢坐下。离开的时候，我在身后留了一条门缝。

艾米莉在神学院学习了不到一年的时间便回家了。她饱受呼吸系统疾病的困扰，父母也为此忧心忡忡。可艾米莉却乐得其所。

在阿默斯特，年轻的女孩闲不下来。

不停地变换发型，把直的烫卷，又把卷的拉直。

烘焙。

去鸡舍拾鸡蛋，煮熟了当作午餐。

每一天去看望不同的人：这座城里的老、弱、病、残和产妇，还有她不计其数的密友。

东奔西跑，买三粒纽扣、一磅砂糖、一卷花边、一双黑鞋带、一条白衬裙、一捆肉桂、一块火石、一尺绸缎，还有一瓶紫色的墨水。

绣一打手帕。

准备好炸鸡、黄瓜和新出炉的面包，灌几瓶汽水，切一个西瓜，全都装进竹篮，用一块折得整整齐齐的桌布盖好，塞进刀叉和亚麻餐巾，去郊外野餐。

商贩、好友、旧相识、访客和乞丐踏破了家里的门槛，才向这个付了钱，又去迎接那个；刚向这个打过招呼，又去给那个倒茶，她就在这里迎来送往。

把刚摘下的覆盆子放进热锅，撒上等量的砂糖，文火慢煨。趁这个时候用滚水烫好玻璃罐。把熬好的果酱倒进去，密封保存，放到冬天再吃。

帮助母亲夹肉馅，刨果皮，摆餐桌，放餐具，将擦好的盘子放进橱柜，再小心地把玻璃杯挨个垒好。

参加一场室外音乐会，和全城的年轻人在这里欢聚。

唯独在关上卧室的房门，步入寂静之中时，艾米莉才能听见大脑深处那个时有时无的声音。

[F578]

一片风景的那一角 –
每当我一觉方醒 –
在我的窗帘和墙壁之间
一条宽敞的裂缝 –

像个威尼斯人 – 等着 –
跟我睁开的眼睛搭话 –
那不过是一条树枝缀着苹果
在半空，斜挂 –

一款烟囱的样式 –
一座小山的前额 –
有时 - 风向标的一根食指 –
但只是 – 偶然一过 –

季节 – 变换 – 我的图画 –
尽在我的翡翠树枝，
我醒来 – 见不到 – 颗颗翡翠 –
再后来 – 是颗颗钻石 – 那是雪花

从极地的首饰盒 – 为我取来 –
小山 – 还有烟囱 –
以及塔尖，仅露手指 –
它们 – 一向纹丝不动 –

花园里的树木已是光秃秃的了，唯独庭院深处一棵年轻的枫树还保留着黄色的须髯，连阳光都在这里取暖。这是一团火焰，它随风起舞，蔑视面前步步紧逼的凛冽，漠视周遭嶙峋如炭的枝丫。乌鸦只敢落在远处的树梢上，成全它浑然一体的金黄。枫树将小小的灯盏挂在半空。院子里若有这么一棵树，谁还想要教堂里的花窗？

冬季来临，别的树已在冬眠中沉寂，而它仍是生机勃勃。十二月漫长的黑夜里，璀璨的枫叶照亮了夜空的繁星。

猎户座是她从小就懂得辨认的星座。细细的沙漏造型，远远跑在前面的猎犬让它很好辨认。她很久以前就下定决心，以后要把家安在那里。

《圣经》里充满了难以参透的奥秘，而人类的觉悟又实在太低，可是有一件事艾米莉理解得十分透彻，那就是伊甸园首先是一座花园。

冬天过得像一场梦。

路的两侧被树木环绕，小鸟栖身在树林里，只闻其声不见其踪。奥斯汀、艾米莉和拉维尼亚，拖着自己的身影，走在小径上。风和日丽的天气里，空中飘荡着小白花的清香，还有苹果、李子和草莓酸甜的气息。这里的青草出奇地绿，像翡翠一样油亮。

索菲亚的墓碑是公墓里最新的。他们在她的墓前停下脚步，低头默哀。艾米莉跪下，轻抚温热的石碑。

索菲亚并不是这里最年幼的逝者，远远不是。这片墓地里还埋葬了数十个婴儿，他们有男有女，穿着最美的衣服躺在六尺之下；他们要么死于肺痨、流感、麻疹、贫血和白喉，要么死于恐惧、暴怒和忧思。苍白的小幽灵们在遍布繁花的树林间玩着猫捉老鼠的游戏。他们平举着双手，下半身是透明的，一会儿躲藏在小巧的十字架后面，一会儿又在墓地的小径间穿梭，无声地嬉笑着。

奥斯汀和拉维尼亚一言不发，又向前走。他们还有别的故人要去探望，上个冬天实在难熬。艾米莉在好朋友的墓前长跪不起。她有好多话想对她说，可惜小草没有耳朵，也不会说话。艾米莉最终起身，她的影子却留在原地——它也站起来了，不过它没有跟上艾米莉的脚步，而是与林间的小幽灵们玩起了追逐的游戏。

[F337]
已被断离之物，灵魂有些
特殊时刻，跟它们接近 –
此时，模糊 – 显得奇怪 –
而清晰 – 似乎 – 容易

我们曾埋葬的形体，萦绕，
亲切熟悉，在屋里 –
未因坟冢而丧失光泽 –
那腐烂中的玩伴前来 –

72

恰穿着他穿过的那件外套 –
带着长排的纽扣，泥土之中
自打我们 – 古老的清晨，儿时 – 玩耍 –
被一个世界 – 分隔 –

墓穴归还了她的劫掠 –　　　　我们 – 就好像 – 那死者 –
岁月，我们被盗之物 –　　　　他们自己 – 迟迟不去等着我们前来团聚 –
团团幻影，亮闪闪的交结　　　哀悼者是他们，而不是
用翅膀，向我们打着招呼 –　　我们自己 –

艾米莉的书桌上有个拼花的木盒子，里面保存着她全部的乳牙，像二十颗巴洛克珍珠。有一些夜里，她猜想这些牙齿原本的主人——那个小女孩，一个没牙的小鬼，有一天会回来取走它们的。

她已经太高大，脖子太长，双腿太直。她生来本是田间的一个稻草人，守护着南瓜不被椋鸟糟蹋。她在这里度过了一个无精打采的夏天，被骤雨淋湿，被烈日暴晒，目睹阳光丰硕了南瓜的果实。采摘的季节过去，她也被人拔出来，扔进了火堆。霎时间，火光冲天。燃烧着的，是她干枯的臂膀、笔直的双腿、茂密的长发和火柴做成的心。

一天早上起来，艾米莉发现她的床单上开出了一朵红花。同样的红色也洇透了她的睡裙和棉质内裤。

母亲在厨房里找到她时，她正俯在水槽边，疯狂地用肥皂水搓洗那条床单。

"上帝！你在搞什么？今天又不是周一！"

"我病了。"艾米莉平静地说，"我流血了。我可能要死了。"

"哦，我还以为是什么大事。"母亲回应，言语中带着厌恶和烦躁，"你没有生病。你只是成了一个女人。所有女人都有这一天的。"

艾米莉的手停下了。那就是说，所有的女人都病了。这样很多事就说得通了——为什么只有男人可以做律师、医生、公证人或是牧师。床单像一个水下生物，水母或是海葵，在粉红色的水池里缓缓舒展。她的指尖都麻木了。

"每个月都会来一次。"母亲接着说道，"每次会持续个几天。"

原来如此，艾米莉心想着，又开始疯狂地搓洗。每个月有几天我会成为女人。那剩下的日子，我就写诗。

奥斯汀去哈佛读书后，艾米莉每天都会给他去信，说一些轻松有趣的内容，希望能借此吸引他回来。可是奥斯汀没有回来。她的信还是不够有煽动性，要是能给他寄些蝴蝶就好了。

晚餐时，奥斯汀的座位空着。哥哥不在家，艾米莉的胸口像被掏空了。这些日子父亲的脸色十分阴沉，估计在律所过得并不顺心。他心怀宏图，深谋远虑；他进城去，与另一些男人会面，在交谈中郑重决定这个世界的命运——也包括他的妻儿、宠物和他所有的附属品的命运。

母亲走神的次数越来越频繁。她像一个牵线木偶，机械地把叉子送到嘴边。她目光呆滞，眼珠像两颗玻璃球。

拉维尼亚把两片鸡肉扔在地上，新养的那只肥硕的橘猫立马就跑过来把肉叼进嘴里，打着呼噜在她的腿边蹭来蹭去。

艾米莉望着他们，错愕不已，生活竟指定了这几个陌生人做她的家人。她觉得还不如生来就做一只知更鸟，至少她能够学会生活的精髓——歌咏、飞翔和筑巢。

［F1647］
不知道黎明何时来 –
我打开每一扇门窗
它会不会像鸟儿有羽毛
或像海岸有巨浪 –

来波士顿的第二年，我们搬到了另一栋类似的维多利亚式楼房里，公寓的二楼、三楼和四楼都是我们的。这栋房子从地窖到阁楼都重新装修过，一看就是浮夸的美式风格：花岗岩材质的巨大岛台，金晃晃的灯具，价格不菲却俗气至极的龙头。好在卧室还算明亮舒适，而且这样一来，母亲来看望我们的时候，也能有一层独立的空间了。

趁着搬家的间隙，我带着女儿回了蒙特利尔，我的丈夫不得不独自布置新家。为了采购家具，他去了趟宜家，基本把所有样式的家具都买了个遍，有的只买了一件，有的买了好几件，好像是要塞满一个空荡荡的娃娃屋：一张餐桌，四把椅子，一张婴儿床，一个尿布台，两张床，两张床垫，床单、枕头、被子和毛巾，三个五斗橱，一个衣柜，四个床头柜，几盏灯，一张茶几，一块门垫，餐盘、餐巾和抹布，一个咖啡壶，一把茶壶，一把刨刀，一把剪刀，几套刀叉，一个开罐器，一个打蛋器，两个砧板，一组炖锅和一个煎锅，一个开瓶器，一个烧水壶，一个垃圾桶，三个纸篓，一组沙发，几个靠垫，三块地毯，一个洗衣筐，一把扫把和一个桶，几把刷子，一板海绵擦……

一手一个满满当当的购物车，来来回回六七次，他才把挑好的家具全部运完。最后花了多少钱，我觉得还是别知道为好，不过小票上林林总总的名目，像是一份资产清单，让人不得不想起《人生拼图版》*里纷繁复杂的物件名册。

　　我们重回波士顿时，突遇寒潮来袭，室内温度大概只有十度。房东自己跑去佛罗里达过冬，竟忘了给我们的窗户加装保温层。在改造窗户的这段时间里，我们只好暂住在酒店。我们在费尔蒙酒店的四层开了三间临街的房间，透过窗户望出去，能看见教堂前的科普利广场。两年后的马拉松爆炸案就发生在这里，三名马拉松选手在这次事件中丧生。

　　这些日子，严寒让这座城市沉浸在一种超乎寻常的寂静之中，街道上几乎空无一人。屈指可数的行人脚步匆匆，围巾一直裹到了下巴。电视里，人们在讨论前所未有的低温，百年不遇的降雪（积雪厚达几十厘米，这在蒙特利尔不足为奇，但波士顿似乎还从没有这样的记录），还实时滚动播放着一辆铲雪车在主干道中央起火的画面，看起来十分荒唐。从我们房间冻得发脆的玻璃窗看出去，科普利广场简直有克里姆林宫的风采。

　　保温层装好后我们再回公寓，室内的温度最多也只高了四五度。我们掀开木质的暖气格栅，发现里面根本没有暖气片，装修的时候暖气被整个拆掉了。沿墙埋设的几根细细的热水管道，背负了给三层楼所有房

---

*　《人生拼图版》（*La Vie mode d'emploi*），法国作家乔治·佩雷克于1978年出版的长篇小说。作者将故事场景设置在巴黎十七区西蒙克鲁贝利埃街十一号的一幢十层公寓楼，他将这栋楼纵向剖开，将房间、楼道、电梯、地下室划分成一个十乘十的棋盘，除左下角的格子外，99个格子分别对应小说中的一个篇章。从四楼楼道开始，通过国际象棋中马步的顺序，小说依次描绘每个格子中的场景布局和人物形象，以及人物的过往和当下。在书中三位主人公实现计划的漫长过程中，公寓楼里形形色色的人物和光怪陆离的遭遇也缓缓浮出水面，将人性的真实体现得淋漓尽致。有读者将故事中出现过的场景进行微缩还原，以娃娃屋的形式呈现，并罗列出了一张超长的物品清单。

间供暖的使命，更别说热水锅炉的功率根本就不够，以至于时不时会过热，最后终于寿终正寝了。

在这间奢华浮夸的公寓里，我哆哆嗦嗦，头戴帽子，脚蹬棉靴，不可思议地盯着没有暖气的空木箱。一栋房子，装修得金碧辉煌，甚至专门开了一个采光井，却拆除了暖气。

家具都置办妥当，墙壁还是空空如也。我在网上买了一些翻印的旧植物版画（芥菜、甜菜和胡萝卜）挂在厨房和餐厅，另外还有几张彩色的画报。其中一张是一只鸵鸟的头像，它威风凛凛，脖子上还戴着一串珍珠项链；一张是幅毕加索的作品，构图十分复杂。有一天，两岁的佐伊指着这幅画郑重地对我说：“这个画家，画的是自己呢。”直到那时我才注意到，画中真是毕加索在画架前的自画像。有了这些挂画的装点，房间瞬间焕然一新，充满了生活气息。

我们还从蒙特利尔带回了一幅当地美术馆举行彼得·多伊格 * 画作回顾展的巨型海报，题目叫作《再无异乡》。这个名字对我而言，更像是一种承诺或愿景。身处波士顿的公寓，却在墙上挂了蒙特利尔几个大字，我还曾经为此自嘲了一番。这张海报有两米见方，以至于用来粘画报的蓝色胶泥根本没法把它固定在墙上。一到晚上我们睡着了，海报就会从墙上脱落，第二天早上再去看，它已经卷成一个轴，躺在沙发腿旁边了。

一个午后，我把女儿裹得严严实实，和母亲推她出门散步。走在特

---

* 彼得·多伊格（Peter Doig），1959 年生于爱丁堡，英国当代画家，其风景画作品多以抽象的形式来表现他童年时期在加拿大生活时的雪景。

里蒙街上，我们经过精致的红酒行和食品店，又路过时髦的饭店和酒吧。我望向橱窗，真真切切地感受到我在外面，这种没来由的情绪难以名状。我从一个虚掩的门缝看进去，发现一堵红色的砖墙上挂着一组小型画作。

那些画既不能算作版画又不能说是剪贴画，只是一些旧书的书页，画家用黑色的颜料勾勒出一些符号，让人想起了某门失传语言的字母。吸引我的那幅画，画的是一个巨大的球扣在一串纤细的念珠上。为了询价，我走上二楼。

画作的主人倒是愿意把画卖给我，不过要等到展览结束。她想留一个我的号码，可是我没有电话。最后我们只能约好，两周以后我再过来。出门前，我买了只断了根触角的古董黄铜蟋蟀，价格贵得离谱。我用指尖摩挲着这个小物件，不停默念着：《炉边蟋蟀》*，又想到一些小说里把昆虫养在小木罐里的中国人。

一年以后，我们搬回欧特蒙。离开这座公寓的时候，我把蟋蟀摆件和那幅版画连同其余的行李都打包装进纸箱，留在了储物间。我一点也不记得它画的是什么了，甚至对画作的名字也毫无印象了。好像是《真北》（*True North*）？总之，那幅画的主题是"保持航向"。

---

* 《炉边蟋蟀》（*The Cricket on the Hearth*），英国批判现实主义小说家查尔斯·狄更斯的中篇小说。该小说以蟋蟀的鸣叫声为线索，通过现实与虚幻相结合的形式，将英国底层小人物的喜怒哀乐刻画得淋漓尽致。

If you were Coming in the fall,
I'd brush the Summer by
With half a Smile, and
half a Spurn,
As Housewives do, a fly.

If I could see you in a
Year,
I'd wind the months in balls,
And put them each in
separate Drawers
For fear the numbers fuse—

If only Centuries, delayed,
I'd Count them on my Hand
Subtracting, till my fingers
Dropped
Into Van Dieman's Land.

If Certain when this life was out—
that yours and mine, should be—

假如你能秋天来
我就一挥手把夏天赶跑，
……

如果让艾米莉描绘一个年轻女孩，那她刻画的一定是苏珊的样子——她漂亮，活泼，自信，聪慧。当艾米莉把目光投向镜子，苏珊就是她最想看到的模样，是她最理想的双生姐妹。苏珊是她亲密无间的朋友。两人徜徉在阿默斯特熟悉的街道上，一起在花园里采花，一起灌装果酱，互相讲述自己的幻想。

苏珊的肌肤是瓷白色的，双唇像樱桃一般圆润殷红，她的头发卷得厉害，发卷在两颊边上下跳动。艾米莉像打扮娃娃那样小心翼翼地给她扎起辫子，生怕把她扯疼了。

一天下午，苏珊来家里找艾米莉，却是奥斯汀开的门，他刚从哈佛学成回来。虽然两人自幼就认识，但现在的她却大不同了——奥斯汀不在的这段时间里，苏珊已经脱去了稚气。他长了几岁，也已经懂得如何表现得像个成熟男人。

"啊，你好。"除了这几个字，奥斯汀一时竟找不出其他的话题。

"我都不知道您已经回来了。"苏珊答道，"您在波士顿过得愉快吗？"

她垂下了眼，却又从睫毛的缝隙里偷偷看他。

"那是一座相当美的城市，但远不如阿默斯特有魅力。"

他炽热的眼神，让女孩的脸上泛起了红晕。

当艾米莉走下楼梯时，她看见苏珊坐在客厅，奥斯汀正在给她读书。苏珊反倒成了哥哥的客人。很快，她就不再只属于她了。

她看见他们谈笑风生的样子，心头像是挨了一记重拳。

她的心中已是一片漆黑，有一种情绪将她吞噬。双重的炉火在她的胸中燃烧：她既嫉妒奥斯汀对苏珊的爱，又嫉妒苏珊对奥斯汀的爱有所回应。她想要独占双份的爱，但现实却是双重的欺骗，甚至是三重的——连她都背叛了自己的心。她的心焦黑如炭，经历过两次燃烧，已然化作一团灰烬。

〔F261〕
那天我把珠宝握在手里 –
去睡觉 –
空气温暖，风儿闲散 –
我说，"会持久"

我醒来 – 责怪我诚实的手，
珠宝已无影无踪 –
如今，一个紫水晶的回忆
是我全部的拥有 –

今年收到的喜帖和讣告连起来沿着壁炉台摆放，围成了一整圈，在火光的映照下忽明忽暗。女校的同学们，一个接一个地结婚或是病故了。一年之中，艾米莉参加了太多的婚礼和葬礼。在这些诀别的仪式上，年轻的女孩们浓妆艳抹，失去了真我，这让艾米莉感到虚幻不实，记不清自己参加过的仪式，哪个是喜事，哪个是丧事。

逝者，只能在梦里相见。而那些嫁作人妇的女孩，有些已是虎背熊腰，举手投足间尽显疲态，走路的时候两只脚向外展着，好像双腿之间夹了一个鸡蛋。不久后，她们进进出出时会怀抱着一个粉红色不停哭闹的小人儿。再不久，她们就完全不属于自己了。想到这里，艾米莉打了个冷战。她转过身去，看到拉维尼亚正在窗边做着女红，腿上还趴着一只猫，便问她：

"爱情和死亡，两害相权，你取哪个？"

拉维尼亚耸了耸肩。她与附近的一个年轻男子情投意合，两情相悦让她沉浸其中，她的答案不言而喻。她站起身，说道：

"我去泡壶茶。"

庭院里，已然有树叶开始枯黄。

两姐妹盛装而来。她们各自在镜前梳妆，在发卷和发带上下了很大功夫。拉维尼亚甚至还狠狠掐了自己的脸颊，咬了嘴唇，就是为了气色好看些。艾米莉还是雪般苍白。两人并肩坐在教堂的白木长椅上。

　　新娘缓步向前，面露羞赧。她还不习惯众人注视的目光。新郎也是如此，不过他极力掩饰着自己的不安。在此之前，这对新人可能见过二十次面了，两人在信中都彬彬有礼，在会面时却局促不安。两人都是二十一岁。他，是一名律师，而她，是一个女人；她即将成为律师的女人。当然，还会是一名母亲。艾米莉已经预料到新娘的命运，那里是一片阳光所不能及的阴影。

[F875]

她应他的要求而起 – 丢下
她生命中的玩具
承担起那份光荣的工作
成为女人，和妻子 –

若她错过了什么，在新的一天，
广阔，或敬畏 –
或第一缕期盼 – 或金子
在使用中，磨损

那也无人道及 – 好比海洋
培育珍珠，和水草，
只有他自己 – 清楚
它们常在的深度 –

86

—

老宅的生活是丰富多彩的：给草莓去梗，给一会儿不擦就氧化了的银器抛光，给即将出生的宝宝做床拼花的小被，给贫苦人家捐些衣物，结清家中的用度花销，追逐蜜蜂嬉戏——这，才是她一生的使命。

艾米莉在厨房准备面包坯。面团在她的指间变得细腻柔软、温润弹滑，如同婴儿的肌肤。她不停地揉搓着，同样的动作来来回回，要重复上百次。手掌向案板揉压了六十二次后，她停住了，环视四周，找到了一个空面粉纸袋，把它撕成小片。她从口袋中掏出一截铅笔，记下了几个词。确切地说，是十六个词，另外还有五个如叹息声般的小短线。然后把纸片对折再对折，直到只有指甲大小，才放进了围裙的口袋。她又开始揉面了。六十三。

她匆忙中写在包装袋上的诗歌，都整齐地放在书桌的抽屉里。当她再把它们取出来时，嗅一下味道就知道是哪一首——有几首诗是面粉的麦香，有几首诗是新鲜山核桃或者黑胡椒的辛香。她的最爱，是巧克力的味道。

写在巧克力包装上的诗句

一百次、一千次，只要每天在同一个花园中漫步，就能每次都收获比上一次更丰盈的景色。

有一天，艾米莉在一沓落叶下发现了一窝刺猬，它们尖刺朝外，蜷缩成一个球，紧紧地挨着。

还有一次，艾米莉亲眼看见一只知更鸟从地里衔出一条蚯蚓。它太长了，知更鸟把它活生生扯断了。断掉的一截，鸟儿吃进了肚子，而另一截，带着半条性命继续前行。

一个春日的午后，暴雨如注，雨点像钉子般砸在地上又四处飞溅，让人以为雨水是从地下喷出来的。

曾经有几个月，她每次外出散步都有索菲亚相伴左右，在一排苹果树边，在一片百日菊前，她们放声大笑，笑声一次比一次响亮。

十一月的一天，正当她抬头仰望天空，初雪飘落下来了。她惊叹，初雪永远是初雪啊。

一个清晨，她偶遇了一只喜鹊。喜鹊的嘴里，还叼着一条金色手链。

这些日子堆积起来，就像一百张画着图案的透明拓印纸层层堆叠，直到最后才显示出全景：刺猬，知更鸟，喜鹊，她们散步时形影相随的雪花，还有她自己，和关于索菲亚的回忆。

趁艾米莉还在院子里散步的光景，母亲闯进了她的卧室，平日这扇门总是紧闭着。房间一尘不染，床单和被子铺得平平展展，连枕头都没有一丝褶子，像是修女隐居的房间。

母亲随手拉开她的抽屉。过去她从不关心抽屉里有什么，爱管闲事是一种陋习。然而，母亲的责任感将她推向了女儿的圣殿，迈出这一步，既违背心意，又无可奈何。

小书桌的抽屉里有一扎手稿，满满地全是艾米莉纤细的字迹。她后来的一位导师将她的笔迹比作学院博物馆里珍藏的史前鸟类的爪印。这令父亲爱德华眉头紧锁，也令母亲惴惴不安。这个孩子究竟是怎么想的，竟然学鸟写字，况且，还是一只死鸟？

第一页是一张匆忙中撕下的纸片，她用指甲捏起看了看，又翻到背面。一面，她能清楚地看出是艾米莉烤制香料蜜糖面包的方子——她的女儿不就是靠着这个菜谱，赢得了镇里一年一度的烘焙比赛吗？而纸片的另一面，是一串串互不相干的词语，频繁地被小短线打断。也许它是个清单？

我估计 – 若是我真的数一数 –
第一 – 诗人 – 然后太阳 –
然后夏日 – 然后上帝的天堂 –
然后 – 清单就结束

她又读了一遍，仍旧疑惑不解，不明白这段咒语的奥秘。她翻回面包方子的那一面，小心地把纸片放回抽屉，踮脚离开了。

10 盎司面粉

半杯黄油

半杯奶油

一勺姜粉

一勺苏打

一勺盐

用糖蜜调和

[F533]
我估计 – 若是我真的数一数 –
第一 – 诗人 – 然后太阳 –
然后夏日 – 然后上帝的天堂 –
然后 – 清单就结束

不过，回头看 – 第一个似乎
早已涵盖了全部 –
剩下的好像不必列举 –
于是我写下 – 诗人 – 一切 –

他们的夏日 – 终年持续 –
他们供奉的太阳
会让东方 – 觉得奢侈无比 –
如果更遥远的天堂 –

果真如他们为崇拜者
所预备的那般美丽 –
何等的恩典 – 要证明
这梦想合理 – 谈何容易 –

奥斯汀和苏珊的新房离老宅仅数步之隔。邻居们互相串门，踏破了门槛：借本书，亮件宝，趁热送来水果挞，还放大镜，学做菜，送幅画，问件事，传个话，留本乐谱。连接着老宅和长青居的小径上人来人往。

艾米莉透过客厅和餐厅的窗户观察着他们。她在窥探他们的生活，就像观看一出真人上演的皮影戏。她的目光追随着他们进了卧室，她转过身去不想再看了。她不愿想象他们躺在皱巴巴的床单上的画面。在她的内心深处，她更愿意把皮影小人都收进盒子，让它们像干花一样，一动不动地躺在里面。

[F1274]

现在我知道我失去了她 –
不是因为她已离去 –
而是一种遥远，游动
在她面孔和唇舌之际。

陌生，尽管比邻
像一个外来的种族 –
她穿越，虽然有时停靠
在没有纬度的区域

要素没有变更 –
还是同样的宇宙
但爱的迁徙转移
不知怎么已然发生

自此以往要记住
自然拿走了白昼
我已为此花费太多 –
而他则陷入赤贫
辛苦不是为自由
也不是为家人
只是为了赔付
盲目崇拜。

所有的星系加起来，都没有这个花园大，都装不下如此多的蚂蚁、花朵和青草。它就是宇宙的全部，南边临着主路，东边被铁杉篱笆围绕，西边与长青居相邻，北边则埋葬着狄金森家族一代代生于斯、逝于斯的族人。1630年，第一个踏上这片土地的祖先纳撒尼尔，在约翰·温斯洛普*的率领下，同近700名清教徒在此处落下脚来。舰队由11艘帆船组成，分别叫作阿贝拉、塔尔博特、安布罗斯、宝石、五月花、鲸、成功、查尔斯、威廉和弗朗西斯、憧憬、审判。狄金森的曾祖父究竟乘坐的是哪一艘船，史书中没有记载。虽然无从查证，但艾米莉知道，她的祖先将鲸、宝石、憧憬和审判让给了别人，自己以花为艇，乘风破浪，远渡重洋。

---

* 约翰·温斯洛普（John Winthrop，1587/1588—1649），英国清教徒律师，1630年率大批清教徒移居马萨诸塞湾殖民地。在此生活的20年时间里，约翰·温斯洛普曾先后12次担任马萨诸塞湾殖民地总督。

每个星期一都是洗衣日。艾米莉从晾衣绳上收下晒干的衣物，折叠齐整，再把母亲、妹妹和自己的内外衣裤分好。

突然，她听见有人长吁短叹。

母亲站在门口，脸上一如既往地写满了疲惫。她摇摇头。

"傻孩子，我已经跟你说过一百遍了，衬裙不是这么叠的。"

艾米莉抬起头。确实，衬裙该怎么叠，她已经说过一百次。这一百次她一次也没听进去。到底该怎么叠？她心里一点数也没有。就算母亲再重复一次，她还是不会听。

"孩子，你以后肯定不是个贤妻良母。还不如做个老姑娘。"

"您说得对。有些女人生来就不是做母亲的料。"

母亲拖拉着脚步离开了，她的旧拖鞋摩擦着地板，发出砂纸一样的声音。艾米莉看着面前成堆的衣服，突然萌生出一种冲动，想要把母亲的衣服揉作一团狠狠地踩几脚，但是她忍住了。她只好拿起一件自己的浅灰色衬衣，团成一个球扔到地上。粉红色的手帕、浅米色的背心、酒红色的半裙和蓝色的衬裙也都是同样的命运，五颜六色散落在地上，七零八落，溃不成军。只有纯白色的衣物被留下来了，她把它们抱上楼收进自己的抽屉里。

在梦里，她打开窗户，把自己的衣服一捧捧全扔进了院子，堆起一座棕色、绿色、灰色、藏蓝和绛紫相间的小山。长筒袜缠绕着裙摆，像几条蟒蛇。套裙已是纹丝不动，身首异处。裙摆像扇面一样铺展。这些衣服，有毛料的、棉织的、亚麻的，还有粗糙的蕾丝。衣服扔完了，她拿出一根火柴擦亮了，拿到面前注视了片刻，随即把火柴扔向了小山，刹那间火光冲天。废弃的东西总是烧得最快。

艾米莉在火堆前伸出双手，想要用指尖感受这温度。在直冲云霄的黑烟中，她认出了那条几乎全新的连衣裙，还有去年冬天曾为她保暖的羊毛大衣。

索菲亚在云端等待她的新衣。她并没有老去。带着十五岁的朝气，她穿上裙子，套上大衣，学着妇人的步伐大摇大摆地走起路来。盛装的小幽灵扑哧笑出声来，而此时，院子里的火焰还在吞噬着所有的色彩。

这只是艾米莉的梦而已。现实中，她还是把那些不会再穿的衣服精心叠好，似乎只是在收拾换季的衣物，然后把它们装进拉维尼亚的衣篮，好让她下次做善事的时候分发给大家。穷苦人一般没有这些漂亮衣服。

[F307]

这是一件庄严的事 – 我说 –
做一个白色 – 女子 –
若上帝认为我合适 – 穿着 –
她清白的神秘 –

是一件战战兢兢的事 – 把生命
丢进一口紫色的井 –
深不可测 – 再也回不来 –
直到 – 永生 –

我凝思这福分的模样 –
我拿在手上感觉它 –
是不是同样大，像它翱翔着 –
穿过雾气看见的一般 –

于是 - 这个"小"生命的尺寸 –
那些圣人 – 会说它小 –
在我胸中 – 膨胀 – 像地平线 –
我轻轻地 – 冷笑着 – "小"！

一口巨大的铸铁锅悬在火红的炉膛里，拉维尼亚在一旁称量、过秤、倒水、擦丝、择选、去籽、去梗、去叶、削皮、混合、浸泡、切片、上霜、搅拌、撒盐、胡椒、加糖、刷蜜、添辛、肉桂、香菜、豆蔻、切分、蘸料、稀释、过筛、掺拌、抽打、研磨、捣碎、淋油、烘烤、剥豆、摘剪、去壳、浸渍、腌制、揉捏、塑形、包纸、涂抹、刷浆、封层、撒粉、切削、雕刻、片薄、打粉、掺水、去鳍、剥壳、去鳞、开贝、切块、夹膘、塞馅、捆脚、切丝、装模、倒模、刮擦、脱粒、炙烤、香煎、上色、压平、烘烤、煮沸、油炸、慢炖。她从来没想过要当个魔术师。能成为一名巫师，做魔术师还有什么意思？

拉维尼亚会织手套和围巾，会绣手帕，会补裙子，还会缝罩裙。艾米莉恰恰相反。在拉维尼亚将各种布料堆砌在身上的时候，艾米莉却在无声的房间中逐渐赤裸。她先是摆脱了人情世故与繁文缛节，接着是上帝和有关他的一切，再后来她闭门谢客，抛却了义务，舍弃了微笑。很快，她能摒弃的，只剩她的皮囊了。站在镜子面前，她只是一副牙齿和细骨，一具瘦小的骷髅骨纯白似雪。

[F522]
我系好帽子，我叠起围巾 –
生活的小小义务 – 一丝不苟地履行 –
好像琐细之至
对于我 – 却是无限终极 –

我把鲜花放入玻璃瓶 –
把旧的 – 丢出去 –
我拂去一片花瓣从我的外袍
它之前在那里停靠 – 我掂量着
时间，直到六点之前 –
多少事我必须做好 –
可是 – 存在 – 不久前 –
既已停摆 – 我的滴答 – 已敲完

我们无法把自己丢开了事
像一个完结的男人
或女人 – 当使命已结束
我们曾为此 – 化为肉身 –

或许前方 – 是虚空一里又一里 –
是动作 – 何其倦怠无力 –
伪装 – 是一种煎熬
试图把我们的真相藏起
躲开科学 – 躲开外科 –
那望远镜式的窥探
瞄准我们毫不遮蔽 –
不是为我们 – 而是为它们自己 –

因此 – 我们为生活做工 –
虽然生命的奖赏 – 既已成空 –
以小心翼翼的精确 –
将我们的理智 – 支撑 –

每一个波士顿人，看起来都或多或少和肯尼迪有点血缘：同样真挚的眼神、同样弧度的微笑、同样潇洒的姿态。每个人都好像刚刚从哈佛毕业，我甚至可以想象出，他们一到周末就带着一群孩子去科德角玩球，然后在海滩边上架起炉子烧烤的样子。无论是商店里的售货员还是素不相识的路人，这些肯尼迪都展现出了无与伦比的魅力，他们笑容可掬，以礼相待，让人觉得如沐春风。这对来自蒙特利尔的我来说，实在是不可思议。我不禁要想，我所看到的和善或许只是他们的一面，而这背后隐藏着什么，或许我永远也看不透。波士顿于我而言，一直都只停留在纸面上而已。

春日里一个墨蓝色的傍晚，太阳刚刚西沉，我们正好经过一所芭蕾舞学校的门口。大门敞开着，一大群纤细的小姑娘，梳着高高的发髻，眉飞色舞地跃下台阶一路迎面跑来。《胡桃夹子》克拉拉角色的试镜会刚刚结束。校门外，等待着她们的母亲挤在人行道和马路上。她们身材苗条，发型一丝不苟，清一色穿着踝靴和大衣，将大披肩绕在脖子上。即便是休息日的晚上，她们都是那么得体优雅（我一直好奇，波士顿女人怎么能在任何时间、任何场合都保持这般完美，这让我望而却步）。她们挨个张开双臂。她们每一个人，无一例外，都赢得了芭蕾舞女演员母亲的角色。

那段日子里，我们想在离市区不远的海滨找栋房子，彻底稳定下来。科德角是第一个被我们排除掉的：那里又贵，又拥挤，一到旺季就被摩肩接踵的游客占领了，而本地人但凡有三天短假，也把这儿当作度假地首选。这几个夏天，我们都是在缅因州的伊丽莎白角度过的。这个一望无际的庄园里有田野，森林，两座小型墓地，一口池塘，几座沙丘，几栋已经夷为废墟的十九世纪建筑，一间纯种马厩，一条飞机跑道，一架彩色的塞斯纳小飞机，一个果园，一个小小的农场，里面养了几头盖洛威花奶牛，另外还有一些角落我还没有去过。这里大概占地十几平方公里，有一个自然保护区那么大。从某种意义上来说，这里就是一个自然保护区——从我们租住的房子望出去，时常能够发现野生动物的踪迹。有时是狍子，有时是火鸡或者珍珠鸡一家子，还有兔子和老鹰。有一次，我们甚至在一条小道的转弯处发现了一只像拉布拉多犬那么大的豪猪。庄园里还有一湾海滩，细沙如月光般皎洁，如面粉般柔软。想到达这片杳无人烟的沙滩，要像走迷宫似的穿越一块洼地、一片松林和几座沙丘。这里犹如一个只存在于童话中的神秘之境。

我们决定沿着海岸一路向北，朝着北岸行进，寻找一个适合安家的港湾。那一天又阴又冷，树干都是光秃秃的，估计是十一月的某一天。我们在一号公路上开了半个小时才出城，道路两侧的大型超市、主题餐馆、加油站和停车场绵延了数公里。远处，拥堵的汽车让人联想起阳光下闪闪发亮的甲壳虫。

我们继续向北前进。这里的商业区被住宿区所取代，新的小楼像雨后春笋一样冒出来，一轮一轮看起来永无止境。为什么说这里是"住宿区"而不是"度假区"，我有我的理由。"住宿区"这个词给人一种又像监狱又像家的错觉，完美地还原了这片海滨的气氛。高速公路的另一侧，矗立着几栋四方的楼房和一些 20 世纪 50 年代左右建成的小屋，看起来毫无美感，杂乱无章，就像有人用一把巨大的锯子，把一个没有灵魂的工业小城齐根锯下，移到了海浪的旁边。

我们下了车。四周空无一人，甚至连只鸟都没有。海风抽打着我们的脸颊，空气中飘散着盐的味道，阴郁而咸湿。大海里，石灰色的海浪时断时续，层层翻滚拍打。这一点儿都不像大海。

在田野里长大的艾米莉从未见过大海。蔚蓝色上下起伏的壮阔之景让她心生敬畏。一滴水，落在她的窗上，划过一条水痕，变成一面棱镜，这样她就已经满足。每次梦见大海，她都会担心自己失足落入海里，就像站在悬崖边总会不自觉地感受到来自地面的引力。想要靠近极限，风险必将与你同行。

［F800］
我从未见过荒原 –
我从未见过海洋 –
但我知道石楠像什么
也知道巨浪的模样 –

我从未与上帝交谈
也未曾到过天国 –
但我确知那个地点
仿佛车票已经给了 –

人们说，一开始她只是不愿进城，后来她的活动范围逐渐缩小到了她的花园，再后来她足不出户，渐渐地，连楼也下不了了。最后，除非有绝对的必要，不然她连卧室的门都不出了。其实，一直以来，她把自己局限在了一个更狭小的地方——一张巴掌大小的纸片里。

这个家园，没有人能把它夺走。

只要在纸上写下几行句子，甚至几个词语，她就能从这不可名状的紧迫感中得到些许宽慰和片刻松弛。终于获救了。她究竟是从什么样的不幸中获得了这些诗句的灵感？是遗忘，是死亡，还是熔炉般的世界，她也说不上来。

此时，她的国家正因一场骨肉相残的战争四分五裂，而艾米莉也在经历着撕扯与纠结。她不知道如何看待这场声势浩大的屠杀，俯视众生的上帝，被焚毁的房屋与作物，伤残的人民，和那沉睡着无数英俊青年的田野。

国已不国。这个国家已经不再是她的国家，它分崩离析，而她的内心，脆弱的内心，就处在这场风暴的中央，一到夜晚就伤痕累累，天亮以后才勉强愈合。现在她知道了，老鹰每天啄食的，并不是普罗米修斯的肝脏 *。

　　一天快要结束了，她走出房门来到花园。最后一抹夕阳从树叶的缝隙间穿过，地面是杂乱的暗金色，像是一组无声的管弦乐器，被演奏者们遗弃在了那里。不远处，有人点燃了篝火，火上几个南瓜圆鼓鼓的，好像橘色、杏色和奶油色的羊皮袋，中间有一缕袅袅黄烟在缭绕升腾。一群大雁飞过天空，啾啾声随着它们的身影一同掠过，打破了平静，而它们的身后，寂静又逐渐占据，就像伤口在愈合结痂。

　　此时此刻，艾米莉站在中秋时节，两个永恒在她的脚下相接——夏天已经作别，冬天将要来到。只有昂首挺胸，纹丝不动，才能不坠入两侧的深渊，以谨慎的步伐走在绳索般纤细的青草上，一路前行。

---

* 普罗米修斯是希腊神话中的神，因不忍看到人类生活困苦，便偷来火种送至人间。此事触怒了天神宙斯，他将普罗米修斯锁在高加索山的悬崖上，每日派老鹰啄食普罗米修斯的肝脏，又让他的肝脏重新长好，日日承受被恶鹰啄食的痛苦。

艾米莉·狄金森逝世一个世纪后，一位蒙特利尔诗人曾做出如此评价：

诗歌是生活的见证，而不是生活本身。它是生活尽情燃烧后留下的余烬。有时你可能会迷失，不点燃熊熊烈焰，就直接炮制一团灰烬。

仔细寻找一样东西的线索或是踪迹，再试着仿造这条线索或是踪迹，无异于舍本逐末。是谁，顺着成功的踪迹在苦苦追寻？我很确定，艾米莉从没想过要制造灰烬。那点燃熊熊烈火呢？可能吧。但我深信不疑的是，火苗沿着她的足迹拔地而起，她甚至都没有注意到身后的一切，只忙着浇灌她的花园呢。

曼荷莲的女学生们终究都成了妇人。她们中的大多数都结了婚，成了母亲。她们年轻时曾穿着白色的睡裙，围坐在一起，倾诉彼此的梦想，然而在艾米莉看来，在现实面前，没有一个人实现了自己年轻时的理想。没有一个人，除了她自己。

很久以来，她一直住在自己的纸屋里。人无法同时拥有生活和书本，除非决意选择书本并在其中写尽生活。

她们谈论的话题，不是丈夫的工作，就是婴儿房的布置，或是到了岁数还不会走路的小儿子。艾米莉一刻也不想成为这样可歌可泣的女人。她自问，那晚的女孩都去哪儿了？她们的梦想又葬身何处？她们已经成了另一个人，可为什么她们还在用以前的名字？

她突然反应过来，年轻的女孩们永远地留在了曼荷莲学院。如果她现在推开寝室的门，就会看见她们围坐在金色的光晕下，眼神明亮又透彻。

人一旦在某处生活过，便会将一部分的自己永远留在那里。

当我走过一位好友和她的家人居住过的公寓，我甚至还能听见孩子的哭声。每次经过回忆路，我都要强忍住按门铃的冲动。我和先生朝夕相处的前五年就住在三楼的公寓里，与我们同住的，还有虎斑猫菲多、暹罗猫星期五、大丹犬维克多。我深信，如果我敲了门，开门的会是一个叫弗雷德的男孩，他二十五岁，圆圆的脸蛋，乌黑的头发。世界上的另一对我们，会和狗狗维克多一起，继续住在伊丽莎白角的海滨小屋里。此时此刻，它兴许正卧在地毯上，把头搭在两只大爪子中间，等着我们回家。好多个我们在不同的地点同时存在。

艾米莉在老宅度过了童年时期，成人后又搬回这里。"宅"这个字，很容易让人联想到"家"——家不仅仅是一栋房子，还是一口炉灶；不仅仅是一口炉灶，还是灶台里燃着的火光。我常想，法语里怎么就没有一个恰当的词，来命名那个我们生活的地方，而不是我们居住的地方？它，不仅仅是一个空间，里面还有翩翩起舞的人生。

我从未见过荒原 －
我从未见过海洋 －
……

这段日子里，老宅和长青居总是宾客盈门。阿默斯特本地和外地的上流人士都慕名而来。其中不乏律师、富商、牧师、编辑，他们在这里奏乐高歌，谈笑风生。

塞缪尔·鲍尔斯原本与其他访客没有不同，虽然他拥有《春田共和报》这样极具影响力的报纸。真正让他非同凡响的，并不是他的报纸，而是他的妻子玛丽——当然玛丽也因为拥有一个才华横溢的丈夫而受人尊敬。他们很快就成了这两座院落的常客。每当艾米莉喜爱一个人或是想要为他所爱的时候，就会给他去信。很快，她开始向夫妻俩去信，这些信件，像小狗一般热忱、温情而顽皮。

有时写给先生，有时写给太太（或是同时给两人），艾米莉一个人分饰两角，她既是演员，又是观众；她已经习惯于这种割裂，她既是那个生活的人，又是那个书写生活的人。

先生和太太都更成熟了，他们的目光好像一面完美的棱镜，两人都在对方的凝视中得到了升华。这些书信往来中，第三者的存在恰恰令他们心安，她像一圈围栏，让人可以无限地靠近深渊，又不用害怕从崖边坠落。艾米莉的大部分信件，都寄给了这个重影般的收件人，她在台灯的幽光下奋笔疾书，努力向两人展示出自己的风趣，又极力让夫妻俩感受到对方的魅力。这既是双重的爱，又是一分为二的爱。

[F736]

有一天 – 您说我"伟大" –
那就"伟大"吧 – 如果这让您
欢喜 –
或者渺小，或者任何尺码 –
不如说 – 我的大小随您 –

高大 – 像雄鹿 – 如何？
或者矮小一点 – 像鹪鹩鸟
或者其他物种的高度
只要我见过？

尽管说吧 – 猜来猜去多无趣 –
我可以是大犀牛
或小老鼠
为了您 – 毫不犹豫 –

比如说 – 女王怎么样 –
或者侍童 – 只要您欢喜 –
那我就是吧 – 或者什么都不是 –
或是别的什么吧 – 如果真有别的 –
就凭这个约定 –
我都随您 –

无论拉维尼亚走到哪里，身后总是跟着一大群猫。这个早晨，有三只猫追着她，一只橘白相间的公猫，一只黑色奶猫，这只猫艾米莉是第一次见，还有一只虎纹母猫，圆鼓鼓的肚子让人觉得它就快生了。

厨房里时常放着一只碟子，左邻右舍的猫都会跑来舔碟子里的牛奶，喝完了就去蹭妹妹的小腿。有人说，这时，她幸福得和猫一起打起了呼噜。艾米莉的狗卡洛，一舌头就卷走碟子里的奶，并常常以此为乐，这种粗鲁的行为引发了猫咪的极度愤慨。

卡洛就睡在艾米莉的床尾。它的胡须时不时抖动，睡梦中的它正在追赶怪兽。艾米莉把冰凉的双脚伸进狗狗温暖的胸膛，她又往里塞塞，茂密的狗毛包裹着她的脚趾。她干吗还要嫁人？

拉维尼亚睡在她大大小小的公猫中间。她并没有偏爱哪一只，每一只她都喜欢，每一只都迥然不同。

黄铜浴缸里，她的头发像一缕缕海藻在水中漂浮着。她的双臂和双腿，纤细得像是长长的白色海鳗。一毫米一毫米，她用难以察觉的速度，缓缓滑入温热的浴水，直到面孔也被一层透明的水镜所覆盖。水下的她依然睁着双眼。

年过四十，她从未生育，正如一片土地寸草不生，一条鱼从不产卵——它们死去以后，生命无以为继。她一丝不挂，胸前吊着松弛的双乳，像两只布满青筋的空口袋；她肚子上的皮肤沟沟壑壑，即便它从未装载、包裹或是孕育过什么；她的双腿和私处，已经很久没有接受过爱抚，除了她睡觉时，来自床单的抚慰。

这个不育的女人，就这样赤裸着，像冬天的树干般光秃秃的。艾米莉不傻。她的诗歌并不是一群纸孩子，至多是一团团雪絮。

时间并没有流逝，它是静止的。每一天，从日出到日落，都是一场永恒，一场人生。每个夜晚，都是一次高潮。次日当她醒来，她都会惊讶，自己怎么会在这里。她又拥有了一个新的开始，但又要用来做什么呢？

她起身走向窗边。天气阴沉。窗外下着毛毛细雨，雨珠在树叶上留下一层漆光。庭院里雨雾升腾，树木间魅影层叠。她战栗着，披上披肩，点燃了夜间燃尽的炉火。干燥的木柴噼啪作响，壁炉里火光闪耀。她不由自主地拉开书桌的抽屉，拿出一截纸片送到鼻子前面。是丁香的味道。

她的需求太少太少，以至于她现在死去，或是从未来过这世界，也无妨。

[F104]
有一物在夏日的一天
她的大烛台慢慢燃尽
令我肃然起敬。

有一物在夏日的正午 –
一种深度 – 一种湛蓝 – 一种香气
超越心醉神迷。

还有，在夏日的晚上
有一物如此出神地明亮
我拍手凝望 –

然后我遮住我过于审视的脸
唯恐这般微妙 – 闪烁的恩典
会翩然飞远 –

魔术师的手指 – 从不停歇 –
仍有紫色的小溪在胸膛
摩挲着它窄窄的床 –

仍有东方擎着她的琥珀旗 –
太阳仍沿着峭壁指引
他红色的篷车远行

就这样观看 – 夜晚 – 清晨
欣欣然作别这奇幻 –
穿过露珠，我走来，迎接
夏日的又一天！

她边写边隐去了自我。她匿迹在一棵青草的身后，若是没有她，我们也无从得知这棵青草的存在。她写诗，并非因为不吐不快。太可怕了，这个词让她联想到了吐痰，两件事本质上是一样的，都是吐出浓稠的黏液。她也不是为了出人头地。她写诗，是为了见证：19世纪某一年的7月，一朵花曾经开过三天，在清晨遭到了暴雨的摧残。每一首诗都是艾米莉为无名之物所立的渺小墓碑。

她的身躯，是由肉、血、墨组成的。是墨水在她的血管中流淌，她写下的猩红，源于她皮肤下跳动着的青色血管。

她还记得，那位来曼荷莲学院演讲的诗人曾经解释说，他立志要用文字记录自己内心深处的想法。他自信于内心世界的丰富多彩，足以邀请别人前来游览，观赏他的精神花园。

无知自满的他，不仅写不出真正的诗歌；更可悲的是，他甚至看不到自己的无能，就像一个先天失聪的人，看到别人在钢琴键盘上弹奏，便不知天高地厚，由着性子依序敲击黑色和白色按键，谱出一首奏鸣曲。现在他不懂得的道理，永远也不会参悟。

不过显而易见的是，这个人有一些想法，而且这些想法对他至关重要。

他细嗅着花朵的芬芳，滋养、照料、培育着它们，强迫别人也要照做。而艾米莉描绘着她周遭的世界，她知道，如果这里空无一人，定会美丽百倍。

[F520]
上帝造了一株小小的龙胆草
它试着 – 长成一株玫瑰 –
但失败了 – 整个夏天都在嘲笑 –
不过就在下雪之前

冒出一个紫色的造物 –
迷住了整个山坡 –
夏天把她的前额藏起 –
嘲弄 – 静了下来 –

一场场寒霜是她的条件 –
提尔的深紫不会来
直到北方 – 恳求它 –
造物主 – 我可以 – 开花了吗？

"作者"，来源于拉丁语augere，本义是添加。作者就是那个从无变有的人。窗户的这边，是艾米莉用整个冬季种下的纸上花园，它与窗户那一侧的室外花园遥相呼应着。

窗外的花园在白雪的覆盖下一片沉寂，与平日的景象大相径庭，只有艾米莉还认得她的花园。她坐在窗边的桌前，记录着眼前的景色。暮色正在抹去她的笔迹，她眯着眼睛，想要赶在天色全暗之前写尽眼前的雪景。最后一抹亮光也倏地沉了下去。从三点开始，影子就卧在地上等待入眠了，地面上铺满了斜影，像是一片树林被夹扁了，又被一本巨大的标本集收入其中。她固执地蘸着墨水继续书写，即便她已完全看不清窗外景色的轮廓和手边的纸笔。

厨房里碗碟碰撞叮当作响，飘来晚餐的香味。即便身处在这一片皑皑白色之中，也还是要吃饭啊。几支清雅的百合和雏菊中间，突然闯进了一棵头破血流的圆白菜，后面还跟着一群粗野的萝卜和土豆。这样就足够了，只要拥有它们，艾米莉的纸上花园便野蛮生长起来。此间杂草丛生，艾米莉不仅不排斥它们，还用杂草编织成了花环。

"写"，来源于拉丁语 scribere，掘地三尺，寻寻觅觅，再一笔抹去。她抬头想瞧一眼院子里的树，已经看不见了。黑暗中，窗玻璃已变成了一面明镜。

"作者"，来源于拉丁语 auctor，还有一个意思——上帝。她不知道这意味着什么。有蜜蜂在四处飞舞，还需要上帝做什么？

别人怎么都专注于自己的事？它们或大或小：完成工作，量体裁衣，孕育后代，郊游野餐。艾米莉透过窗户看到了醉人的景象，他们怎么就不为所动呢？难道他们眼中的世界和艾米莉看到的不一样吗？又或许，是他们的窗户不如她的明净吧。

艾米莉和拉维尼亚坐在厨房剥豆子。小小的豆子像珠子一样在她们的指尖滚动。一边，放着装满了圆滚滚的绿色豆子的陶碗，另一边，是饱满丰盈的豆荚。空空的豆荚堆在一块干净的抹布上。

"如果一辈子只能吃一种蔬菜的话，"拉维尼亚突然说道，"那我就吃这些豆子。"

艾米莉赞同她的说法——不是因为艾米莉特别喜欢豆子的味道，而是因为她很喜欢这个想法，一辈子只吃一种食物，听起来多么安详从容啊。

一

众所周知，艾米莉·狄金森只有一个比她小两岁的妹妹拉维尼亚，大家都叫她维尼。但实际上，她还有三个姐妹：安妮、夏洛蒂，还有与她同名的艾米莉。除了这勃朗特三姐妹[*]，她还有几位家人，他们是勃朗宁[†]、爱默生[‡]和梭罗[§]，所有人都在这里和平共处。

[F627]
我想我被施了魔
当初一个阴沉的小女孩 –
阅读了那位外国女士 –
黑暗 – 感觉如此美丽

---

[*] 勃朗特三姐妹，分别指夏洛蒂·勃朗特（Charlotte Brontë，1816—1855）、艾米莉·勃朗特（Emily Brontë，1818—1848）和安妮·勃朗特（Anne Brontë，1820—1849）。三姐妹都是英国著名女作家，代表作分别为《简·爱》《呼啸山庄》和《艾格妮丝·格雷》。

[†] 伊丽莎白·巴雷特·勃朗宁（Elizabeth Barrett Browning，1806—1861），又称勃朗宁夫人，维多利亚时代声誉极高的诗人，她的作品涉及广泛的议题和思想，对她同时代的诗人、作家产生了深远的影响。

[‡] 拉尔夫·瓦尔多·爱默生（Ralph Waldo Emerson，1803—1882），美国思想家、文学家，"美国文艺复兴"超验主义的领导人物。

[§] 亨利·大卫·梭罗（Henri David Thoreau，1817—1862），美国作家、诗人、哲学家、超验主义者，代表作为《瓦尔登湖》。

或许是在午夜的中央 –
或许恰好在天国 – 正午 –
只因那光芒的失常
我无力分辨清楚 –

蜜蜂 – 变得像蝴蝶 –
蝴蝶 – 像天鹅 –
靠近 – 驱策狭窄的草地 –
不过是最卑微的歌

大自然独自呢喃低语
让它自己欢欣 –
我当作巨人 – 在练习
泰坦的歌剧 –

日子 – 踏起雄伟的步调
最家常的 – 装饰一新
仿佛为了神圣的大赦庆典
一瞬间被正式确认。

这变化我无法界定 –
思想上的反转皈依
像灵魂中发生了圣化 –
被见证 – 但没有解释

这是一种神圣的疯狂 –
有恢复理智的危险
若想再次体验 –
就要从解毒剂转向 –

卷卷诗篇，可靠的魔法 –
即便魔法师入眠 –
但魔力 – 有一种元素
像神性 – 不会消散 –

从未参加过弥撒的艾米莉，每天早晨都会在花儿面前屈膝拜倒。她不喜欢除草，那些被人们嫌弃的杂草和其余的植物一样美好，她便任由杂草在她的花儿间肆意生长。只有一半的花园是她的劳动成果；另一半，是蜜蜂的杰作。

艾米莉唤着花朵的名字向它们问好，就像在轻声呼唤一群女孩：鸢尾，玫瑰，木槿，黑刺李，大麻花，吉莉草，风铃草。花朵也回应道：我们的对手，艾米莉*。在所有的百合花中，她是最圣洁的那一朵。艾米莉，缺席了所有尘世的晚宴。

[F559]

穿过黑暗的草皮 – 如教育 –
百合通过了，确切无疑 –
感受着她洁白的脚 – 不惊慌 –
她的信念 – 不畏惧 –

自此以后 – 在那草地上 –
摇动她绿宝石的铃铛
土坯 – 生活 – 全忘记 – 此刻 –
在山谷中 – 狂喜 –

———————————

* 很多女性名字来源于花卉名，"艾米莉"便来源于百合花。

士嘉堡有一条道路沿着大西洋海岸线而建，这里拥有整个新英格兰最壮丽的景色。一排铺满雪松板的豪宅矗立在海岸线上，毫无遮挡地俯瞰着大海，阳光穿透全景落地窗洒向屋内，将海天一色的画面倒映在玻璃上。推开前门，沙丘和海滩上的沙子细腻得像棕色的砂糖，海水在眼底绵延，无边无垠；走出后院，穿过通幽小径，便是大片的树林和沼泽。两种原始的风貌在这些房子的脚下相接，从某种意义上来说，它们体现了家的本质——避风港，一个港湾，一个遮风挡雨的地方。

但我是绝不可能住在这里的。这条路的名字叫作"屠杀巷"。我不想住在这里，并不是因为我害怕绰号"疯狂眼"的理查德·斯通沃尔的鬼魂。传说中，早年间他的妻子和还在襁褓里的孩子被印第安人所害，1697 年他死后被埋葬于此，便一直阴魂不散，想尽办法要找到凶手为他的妻儿报仇。令我恐惧的，也不是那些为了守卫普劳茨狭地而死去的殖民者的幽魂——1703 年，他们在印第安人的进攻中败下阵来，十八人在战斗中失去性命。我只是不想时时刻刻看到"屠杀"二字。如果住在这里，这两个字将无处不在：我们收发的信件上，我们的账单、快递单和交通图上。面对来做客的亲人朋友，我难以启齿；和服务商通话，我甚至不能拼出这个词；我实在不愿把这个词挂在嘴边。比"屠杀"这两个字更困扰我的，是它作为街名，一方面，取代了真实发生过的故事（其实是把这段历史遮住了），另一方面，又将它放大了（让它无限延续）。

对我来说，所有的街道在一开始都只是纸上街道。

我们最后选定的房子，也是一座海景房，离这片海滩并不远。这个村子的几条路，分别叫贝壳、珍珠、沉船、薄暮、拂晓。

第一次走进这栋房子的大门，我就知道这是我们的家。刚一进门，蓝天大海便透过餐厅的落地窗映入眼帘。从二楼的卧室望出去，能收获同样的景色：沙滩、海水和天空在眼前相接；右边是海湾街，如同一幅透视图，那些铺满雪松板、造型奇特的别墅在视线的尽头越来越小。普劳茨狭地的身后，比迪福德市的剪影在海岸线上若隐若现。此刻我好像站在一座灯塔上，将海岸的风景尽收眼底。

离开波士顿公寓时打包的家具和行李，在寄存仓库放了两年，终于送来了。这一次我们真的回家了。

每拆一件行李，我都要讶异一次，好像我拆的是别人的行李——那几个月的日子对我来说已经太遥远太陌生了。我拆开一个纸箱，里面是个尿布桶；又拆开一个，里面装着一套洗奶瓶的工具——刷子、奶瓶架和洗洁精。我向客厅看去，我的女儿正在东西堆得满满当当的客厅角落里玩着纸箱。她已经三岁，不再是那个需要这些婴儿用品的宝宝了。

拆到最后一个纸箱，我发现了那个蟋蟀摆件和小版画。画作的名字是《真方位角》，而不是我印象中的《真北》。这是两个概念，真方位角，指的是某样物体的方向线和目标参照线之间夹角的度数，这个目标，往往是地磁北极。它与真北有着本质上的区别，真北方向线是一条倾斜的线，存在的唯一意义就是给予参照。

"说出全部真相，但要曲折。"同样厌恶漂泊的艾米莉曾这样写道。

我把蟋蟀放在壁炉上面。它终于找到了
归宿。

[F1263]
说出全部真相，但要曲折 –
成功在于迂回婉转
真相的超级惊喜，太明亮
对于我们虚弱的快感
如闪电扑向孩童，需要缓冲
以和蔼亲切的说明
真相的炫目之光必须渐进
否则人人都会失明 –

红木家具是个称职的伴侣：它坚固、忠诚、安静。

墙上攀爬着几株玫瑰，好像花园里那些娇嫩的玫瑰可怜的远房表姐：它们散发不出芬芳，没有丝绒的质感，更得不到晨露的垂怜，花匠甚至都忘了给它们画上密刺。

艾米莉挨个检查了每一扇窗户，看看它们打开的幅度是不是刚刚好——必须是两指宽，三指就太多了——这样，恰好能闻到铃兰的馥郁，臭鼬又钻不进来。她微微合上窗帘。窗外的月亮几近正圆，像是一枚古老的圆饼银币。

拉维尼亚的一只猫慵懒地躺在黄油碟旁的椅子上，艾米莉轻声把它唤到身边。她摆正壁炉架上一本倒落了的烫金书，然后跪在壁炉前查看木炭是不是还燃着。

她在床头柜上放下一盏油灯、一壶清水，还有爱默生的诗集。她伸脚够了够床下的夜壶。关上房门，她的宇宙便完整了。她已经准备妥当，将即刻启航。

夜里，她起身关窗，木地板在她的脚下发出轻微的嘎吱声。她知道每一条木板的名字：哆，来，咪，发，唆，拉，西，哆——C，D，E，F，G，A，B，C。

她经常在夜半醒来，白天没法写信，只能这时动笔了。她的信通常极其简短，只有十行、八行甚至七行，像是为了能绑在麻雀腿上才这般惜字如金。

　　鹅毛笔在纸上摩擦，像极了一只小鼠嗑杏仁的声音。月食分隔了昼夜，整座房子都在酣睡，只有昏黄的灯光与这细碎的声音做伴。然而，这是她一天之中最不孤独的时刻了：她俯在案边，手里握着鹅的信物，幻想中的小鼠就藏在房间里的某个角落，带来光明的灯油是从一头巨鲸身上提取的，还有墨水——墨水是从一个八爪海怪的肚子里接来的。墨水尚未化成文字，就已化出了奇幻。

在她有生之年，只有少数几首诗在经过编辑后得以出版，而且大部分还是匿名发表的。她一直坚信，书写不应只是一个过程，书写本身就是目的。发表，无非是想看见自己的名字像拜伦或是莎士比亚那样，白纸黑字被印在书籍报刊上，以此来获得一种低劣的满足感。成百上千双陌生的眼睛在你的文辞上停留，他们或是不屑一顾，或是好奇猜疑，经历了这些目光的考验，你的诗句黯然失色，最终只换来了一场空欢喜。

诗人曾为他人而写吗？艾米莉看着窗外那些真实的人类，都只是忙于眼下：驾马车，签契约，贩牲口，卖布匹。诗人不总是为了他者的某个想法而写吗？灵魂构建出一个虚无而又主观的想法，在自我想象中，像在放大镜里一样被无限地放大。

一直以来，艾米莉在心中幻想着她的专属读者，就像曼荷莲学院里那些年轻的女生幻想着她们的白马王子。她的"主人"在任何方面都配得上她的景仰：他学识渊博，品格高尚，格局宏大。只有他才懂得欣赏她的诗作。恰巧他就是一本诗刊的主编？这不重要。

她一边等他，一边写诗。写在包装袋上，写在硬纸板上，写在废信封上。这些纸片在她的抽屉里越堆越高，搭出了一座飘摇的纸质城堡。

[F348]
我不愿画 – 一幅画 –
我更愿成为那一个
它那 – 光明的 – 不可能性
任我 – 美美地 – 栖身 –
我惊叹那手指是何感觉
那奇妙 – 缥缈的 – 撩拨
唤起一种折磨，如此甜蜜 –
一种绝望 – 如此豪奢 –

我不愿说话，像短号一样 –
我更愿成为那一个
被轻柔地升到屋顶 –
然后飘出去，悠悠然 –
穿过苍穹的一个个村庄 –
我自己，被授权为气球
仅由一个金属嘴唇 –
我轻舟的码头 –

我也不愿做诗人 –
拥有那只耳朵 – 更好 –
迷醉 – 无力 – 满足 –
这尊贵的特许权，
一种莫大的殊荣
那将是何等的嫁妆，
倘若我能把自己震晕
以旋律的 – 电闪雷鸣！

136

"艾米莉！快来，你绝对意想不到哦！"

听见是拉维尼亚的声音，她猜想她应该带来了一封信，外加一个包裹，里面或许是一本书？

怀揣着一颗忐忑的心，她三步并作两步走出卧室，才走到楼梯口，就听见了那个访客的声音。

"有人来看你啦！"拉维尼亚补充说。

她像是被人背叛了一样，心头突然一紧。这确实让她意想不到，而且是令她害怕的那种。她想要的惊喜，是一个人关在房间，小心翼翼地拆开信封，取出信纸，嗅一嗅它的味道，再缓缓地展开，将目光投向纸上，逐字逐句地读上一遍、两遍，再毫无章法地读一遍，又一遍，躺在床上把信捧在胸口，那些词语还在紧闭的双眼前不停飞舞。现在，她不得不面对一个有血有肉活生生的人，他的靴子肯定还因为跋涉沾满了泥浆。表面上她还得强颜欢笑，向他提问，再做出洗耳恭听的样子，心里却一直盼着谈话快点结束，好让她一个人待着，在给他写信或者重读他的来信中体会幸福。她踮起脚尖，蹑手蹑脚地退回卧室，生怕木地板发出一丁点儿声音。终于进了房间，她赶紧关上了门。卡洛抬眼瞧了瞧它的主人。比起男人，狗有一个巨大优势：它们可不会说话。

"我非常欣赏您的……短文。"他开口道。她犯了个错误——他一张开大嘴露出满满的牙齿，她就知道她错了——她把自己的几首诗随信寄给了他。她并不是想要获得发表，而是渴望拥有一个知音。

她突然点了点头。这个动作和眼前这个男人的客套一样，毫无意义。她怎么能幻想这样的一个人会懂她？关键是，男人的实际气质怎么跟他们在照片、文章和信件里展现的形象差这么多？艾米莉知道答案：她爱慕的只是那个纸上的人物。她面前这个穿着皮鞋，留着胡子，患有哮喘，穿着背带裤，浑身充斥着蒜味的男子，和纸上的那个他毫无干系。就连她自己，这些年来也在渴望成为一个纸人——不再吃饭，不再出汗，不再流血，只是不停地读、不停地写。

男人清了清嗓子。现在就向他拜谢作别再转身离开，是不是太早了？

"诗里，嗯，确实描绘了很多有趣的景象，不过有时候，怎么说呢……"

他看起来是那么不安，以至于她想要做点什么缓解一下他的紧张。可她又很气愤，与其说是在气他，不如说她是在气自己，又一次由着自己，傻傻地期待一场。

"……有点隐晦，或者说复杂？您这样一个年轻女人，有必要用到这么专业的词汇吗？'圆周'，这个词具体是什么意思呢？写诗有必要用到'公理''文献'这种词吗？写点跟情感有关的话题难道不比讨论数学更好吗？"

艾米莉的沉默似乎让他更起劲了。他又用一种老好人的口气说道：

"从本质上来说，你写的是散文，为什么叫它们诗歌呢？"

真的够了。艾米莉不寒而栗。

"您为什么这么说？"她的嗓音很平静。

他尴尬地摸了摸下巴上茂密的胡子。为什么，为什么她每次都忘记，男人就是一群体毛茂密的动物？

"呃，原因很简单，它们不押韵。"

就是这样，刹那间，她回想起了里昂女士教她什么是富韵、完韵和平韵。猫，帽。鱼，盂。爱，蔼。真是愚蠢至极。

她的人生和富有、完美和平坦毫无关系，她只知道斜韵和吊韵——它们本就该是如此。

她沉着地起身，向她的客人点了点头，离开了。这不押韵。她忍不住笑了。

[F674]

我无法证明岁月有（韵）脚 –
但岁月果真在奔跑
我确信，通过那业已完成的系列
还有那已成过往的征兆 –

我发现脚下有更远的目标 –
对曾经的目的地我报以微笑
昨日 – 曾以为何其富足 –
如今 – 那索求变得更高 –

我并不怀疑自己曾经
配得上我的尺寸身材 –
但那合适之中有某种别扭 –
现已证明 – 长过了头 – 在我看来 –

世界。这个世界小得像一个橙子。它复杂得不可思议，又简单得如此纯粹。这个世界，可以被文字取代、重塑或是毁灭。窗户外面的世界，用另一种方式在说明这个世界并不存在。存在着的，是灯烛的火焰、脚边的狗、纯棉的床单、字典里安静躺着的茉莉香片、炉膛里的炭火，和抽屉里飞舞的诗歌。世界暗淡无光，房间通透明亮。是诗歌在散发光芒。

裁缝如约敲响了大门。她本就在等她，立马就去开了门。热茶已经泡好，就放在桌上。她们已经有几个月没有见面了，两人寒暄了几句，又聊了几句家常，便上楼去了。

"您今年要不要做点新的样式？"裁缝一边问，一边把她的布尺、料子、粉片、铅笔和样纸一一摆好。

"不。还做一模一样的。"

裁缝抬起了头。一扇画着孔雀开屏图的日式屏风后，她的客户正在宽衣解带。她只能看见她的头顶，还有苍白的双臂正伸直了要褪去上衣。

"要不然，做点彩色的吧？"她又追问。

穿着胸衣和衬裙的女人从屏风后走出来。裁缝赶紧上前给她量体——肩、胸、腰、臀、臂、背——尺寸和去年完全一样。

"只要白色的。做三条连衣裙。"

"三条都做白色的？"

裁缝看起来有些不甘心，但还是无奈地接受了，像是有人要她做件违背审美的衣服。

"白色的，做三条。"她一边说，一边穿上了衣服。

裁缝一边收拾家伙，一边叹了一口气。她喝了一口茶，茶已经冷掉了。拉维尼亚把她送到门口，而楼上的艾米莉从没离开房间半步。等裙子做出来，胸部肯定大了，袖子又太短，因为她跟妹妹的身材并不一样。

如果妹妹也能替她去爱就好了，她将彻底自由。

大树像火焰般在风中蜷曲扭摆。她希望上帝能拨冗惠予这片土地，伸来他的巨掌。可是她仰望天空，只看见漆黑的夜正在降临。

她看了很久，才看清外面逐渐暗下来了。这并不是因为她的想象力太过丰富，又或者是灯光太过昏暗，而是因为她的视力下降得厉害。无法忍受的疼痛常常让她彻夜难眠。

当地的医生向她推荐了一位波士顿的眼科专家，大约需要六个小时的车程才能到达，仿佛是世界的尽头了。

诊所的休息室里，有三位波士顿上流社会的太太在候诊。她们是如此相似，让人以为她们就算不是亲姐妹，至少也有些血缘关系：方形的下颌，蓝色的眼睛，礼貌的微笑，还有挺括平整的上衣。艾米莉，人在异乡为异客，感觉自己好像猫群里的一只狗。

门开了，轮到她了。医生是个小个子，戴着圆形眼镜，谢了顶，挺着肚子。他的样子真是可怖。

他给艾米莉做了一番检查，又问了问情况，听了诊。即便竭尽了一切语言，她也没法描述病症带给她的痛苦。他用光束照了照她的眼睛，让她念了一排排毫无意义、越来越小的字母，然后又给她检查了一遍。这一次，他没再说话了。她像在断头台上，等待着他的判决。

"我不认为……"他终于开口了，但是马上又咳嗽起来，"我不认为，"他接着说，"您会失明。"

142

艾米莉喘了一口气。

"但是病情还是比较严重的，"医生补充道，"您现在非常需要休息。如果还想康复，就应该停止阅读和写作，休息两到三个月。"

艾米莉又喘不上气了。她居然要拿自由去换光明。

医生接着叮嘱道："这段时间里我建议您也不要长途旅行。最好能留在波士顿休养。"

去往表姐家的路上，她心如死灰。她强迫自己不去看道路两侧的招牌和橱窗，好开始习惯没有文字的生活。

远离家乡，无书做伴，艾米莉在黑暗中度过了两个月的时间，这是双重的放逐。

终于回到阿默斯特，艾米莉三步并作两步回到房间，在身后关上房门，打开了莎士比亚的十四行诗。她，终于回家了。

孩童时，她喜欢把花朵夹在别人的作品里。成年后，她想要实现更高的追求：即便鸟随时会飞走，云也注定会飘过，最终留她一人与欲望同眠，她仍想把它们留在字里行间。

有一天，她决定给托马斯·温特沃斯·希金森*先生写信，并随信附上几首她的诗作，信中她恳求道：您是否太忙，无暇告诉我，我的诗是否活着？

我们可以想象，这个男人带着惊讶的神色辨读着她的手稿，几经斟酌给她回了信。在一封信里，他问她与谁为伴。艾米莉回答道：一条身型与我不相上下的狗，是我父亲送给我的；还有几座山丘。当然，还有《启示录》。

---

* 托马斯·温特沃斯·希金森（Thomas Wentworth Higginson，1823—1911），美国作家，支持女权运动和废奴运动，南北战争期间曾带领一支黑人军团作战。希金森是《大西洋月刊》活跃的撰稿人和编辑，1862年，他在该刊上发表了一篇公开信，题为《致年轻投稿人的信》。此后不久，狄金森突然给希金森寄去一封短信，并附上了四首自己创作的诗歌，从此开启了二人长达20多年的书信往来和友谊。

"不要急于发表。"读过她的诗后，希金森对她说道。这个忠告虽然让很多人感到诧异，却让艾米莉暗自窃喜。发表？何必为之。她不愿，也从未有过出书的想法，因为书都很重，又一成不变，还散发出雪茄的烟臭和无人问津的霉味。她的几首诗，都发表在轻飘飘的日报上，它们的生命只有短暂的一天。

她写在纸上，是因为她无法将春日的骤雨、秋天的凉风、冬季的雪花做成标本。她幻想能用昆虫写成诗——它们迈着长长的足四处爬行，背上的甲壳油光发亮，像一副铠甲抵御着那些一本正经、见到瓢虫都会尖叫的贵妇。也许，瓢虫也在她们的伞裙上高喊，只是别人根本听不到：它们才是真正的名媛。

她幻想能用另一颗星球的语言写成诗歌，唯有学习了这门晦涩语言的人才能将它读懂。她幻想着写出赞颂电路和周长的诗歌。她幻想着蜜蜂用蜂蜜谱写金色的十四行诗。如果上帝真的存在，创造万物的第七天，他也会在休息的片刻成就诗作。

"不要发表。"您的作品实在太过珍贵。您就将它们留给自己，还有我吧。

眼前突然出现了一个小小的造物，在离地几寸的空中飘浮着。那个男人暗思她是不是踩着轮子，才能如此快速地向前行进。她一身素白，脸形瘦长，眼神清澈，上下起伏着。她的两手中各拿着一支百合，献到他的面前，轻声道：

"这是我的自我介绍。"

他不知如何回应，握着花茎原地愣住了。她看着他，头稍稍歪向一边，像一只振翅欲飞的鸟儿。他弯腰作礼。等他直起身，她已经不见了。

那夜，他会在信中向妻子原原本本地描述发生的一切。她会责怪他怎么没有把花留好。

希金森是一位智者。通常，智者都让她难以忍受。艾米莉更喜欢蝴蝶、蚱蜢和书本的陪伴——虽然它们也充满了智慧，但是至少沉默无语。它们从不拿自己的智慧当作武器，只是安静地等着你成熟，再来汲取它们的智慧。

这些被她称为"雪"的诗，在他的眼里是轻盈精致的雪花，超乎寻常地娇柔脆弱——像一条文字织成的蕾丝花边。但在写"雪"的时候，艾米莉的眼前闪现的，是一场摧山搅海的雪崩。

她蹑手蹑脚地走出还在沉睡中的房子。树荫下的街道无比寂静。走了几分钟，她来到了他家门口。透过窗户，能看见他卧室的灯还亮着。她推门走了进去。

像剥洋葱一般，他从容不迫地一层层褪去那些束缚着她的柔软铠甲——裙子、衬裙、胸衣、罩衫。他缓缓地亲吻她的肩头、她的双峰、她的小腹。她也为他宽了衣，光晕中，他们在被单下纠缠交织。彼此熟悉的体味合二为一，融合成一股麝香般的气息，甘甜而又辛辣，像潮湿的皮草散发出的味道。他们已是你中有我，我中有你。

一切归于平静，她擦拭着自己的腿根。

他第一百次问道：

"你愿意嫁给我吗？"

拉维尼亚第一百次回答说：

"不。"

生活已让她应接不暇。

艾米莉坐在窗边。几乎无事发生。天空、树木、不远处的长青居，还有蟋蟀的鸣叫。夜色降临。一切都沉浸在墨色之中。月亮升起来了，在夜幕中看起来坑坑洼洼。胸膛中，她的心被撕扯得支离破碎。几乎无事发生。

天空、树木、不远处的长青居

我还是没决定是否要去参观老宅，去实地探寻那几面贴满玫瑰花壁纸的墙、那几块吱嘎作响的地板、二楼卧室俯瞰主路的窗，还有深秋时节的花园。

如果参观的时候，我不乖乖跟着导游，而是偷偷溜进床底下，或是藏在门的背后，等到深夜人群散去，再走出我的"掩体"来到窗边，细细赏味这个刚遭受过头场霜冻摧残的花园——这样我就可以独占整个夜色。

三十岁，四十岁，五十岁的艾米莉，在等待什么？爱情？上帝？蓝色的知更鸟？还是那个能以她渴求的方式读她诗歌的读者？又或者只是死亡？她每天在纸上写下的几个词，将死亡步步逼退，这些微妙的咒语在黑暗中点亮了幽光：一群萤火虫。

"我的事业，就是圆周。"艾米莉写道。确实，她似乎是站在什么东西的边缘，摇摇摆摆，努力保持着平衡。也许她的面前是一口深井、一面悬崖，也许她正站在两个世界的交点，一面是诗歌的丰富，一面是语言的匮乏。她一手捧着一只苹果，一脚已经踏入坟墓。

［F633］
我看不到路 – 天堂被缝上了 –
我感到门柱闭合 –
地球颠倒了她的两个半球 –
我触摸宇宙 –

它向后滑去 – 我孤零零 –
一颗球上的一个斑点 –
掉出来 – 落到圆周上 –
在钟的弧度之外 –

艾米莉·狄金森的手稿现存于哈佛大学霍顿图书馆。在这里，读者虽然不能亲眼见证原件，但可以自由地翻阅影印本，另外还存有一些艾米莉写给亲友的书信。这里甚至还专门设置了一间以狄金森命名的展室，在此陈列一些家族物品，如家具、藏书、地毯。这间布置成卧室的展厅每周五下午两点开放，供访客参观。

至于那册标本集，因为太过脆弱，世人已无缘目睹它的真容。无论是花草还是纸张，一经翻动，随时都会碎成粉末。图书馆只能提供一些复制品和影印本供人查阅。

在波士顿生活的日子里，我们两次去哈佛大学，都只参观了那里宽阔的大草坪。参天大树的树荫之下，电影中时常出现的一栋栋红砖建筑巍然矗立，走在这里，让人不禁误以为是走在布景之中，来来往往的学生只是一些长着大学生模样的临时演员。甚至攀附在建筑上的常春藤，也让人以为是为了增添色彩而摆放的道具。这些植物，也是常春藤盟校（哈佛、耶鲁、普林斯顿、达特茅斯）名称的来源。

第一次参观时，我隐匿于宏大的校园图书馆中，看着一排排落地书架直冲房顶。只有这里的藏书，才是真实的。

二十五岁那年，为了去加拿大国立图书馆的档案室查阅加布里埃勒·罗伊[*]的手稿，我曾在渥太华停留过几日。当时我与几名研究生组成了一个团队，正在筹备出版这位女作家的未完自传《悲痛与狂喜》的续篇。这本书或许是她最著名的作品，同时，也是我的最爱。

二十年过去了，我还清楚地记得那一天。人生中第一次，我戴着白色的手套将几十页手稿捧在指间。它们成了后来的《我曾怀念的光阴》。我从未参观过她在圣弗朗索瓦小河镇的故居；走在魁北克大道上，我经过她和丈夫共同生活过的圣路易城堡，心中也无一丝波澜。我从未收集过任何作家作品的珍藏本，无论是首版、签名版还是其他稀有的版本。但是我记得，那个早晨，一种突如其来的情绪将我占据。指尖的册子，经历过岁月的风霜，已像蝶翼一般脆弱。这几十页纸，才是罗伊真正的家，她苦心孤诣地堆砌着一砖一瓦，直至生命的尽头——虽然并未完工，但却岿然屹立于此。

---

* 加布里埃勒·罗伊（Gabrielle Roy，1909—1983），小说家，生于加拿大圣博尼法斯，在此生活至 1937 年。两赴欧洲，最终定居于加拿大魁北克。1945年出版的《转手的幸福》（*Bonheur D'occasion*）是加拿大文学史上的经典之作，曾获得 1947 年度费米娜奖、加拿大总督奖。

想要邂逅艾米莉，如果不去阿默斯特，就只能造访她的诗歌之殿了。但我们的语言并不相通，她说的是诗歌的语言，而我，是散文的语言。

诗歌永远是一门陌生的语言。英文写就的诗歌，会给法语使用者带来双重的不解，是一个双倍陌生的国度。

开始，我们对这门语言一无所知。后来，我们终于认识到自己的无知——此时已行至半途。

那些词语和画面在我们的脑海中循环往复，每每觉得自己刚领会了一点它们的含义，下一秒却又懵懂了，就好像睡醒后再去回味昨夜的梦境。正是这些词语和画面，将它们想要诉说的心事传递给我们。也正是它们，一步一步，小心翼翼地向读者靠近，好让他们敞开心扉接纳自己。不多时日，人们便会在诗海里自在徜徉，就像穿梭在一座隐秘的森林之中，小径和阳光打破这里的朦胧。很快，人们开始在林子里安营扎寨，对这里的一切都了然于心：每一只飞禽与走兽，每一片幽绿的池塘，每一棵粗壮的橡树。很快，这座森林便会在我们的心中生根发芽。

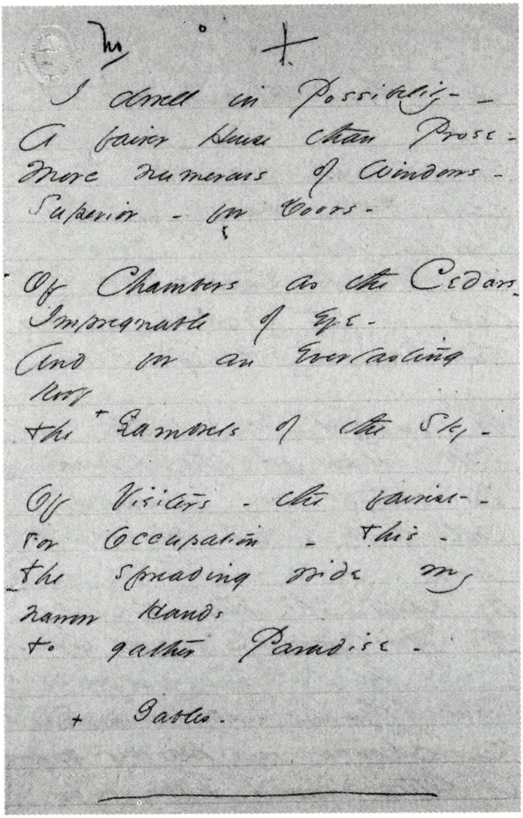

I dwell in Possibility –
A fairer House than Prose –
More numerous of Windows –
Superior – for Doors –

Of Chambers as the Cedars –
Impregnable of Eye –
And for an Everlasting
Roof
The +Gambrels of the Sky –

Of Visitors – the fairest –
For Occupation – This –
The spreading wide my
narrow Hands
To gather Paradise –

+ Gables.

我栖居于可能性 –
一座比散文更美的房子 –
……

已经年过半百，奥斯汀却做出了一件有辱门风的事：他有了外遇。这个叫作梅布尔的女孩，比他年轻整整二十五岁，活泼，漂亮，伶俐——还是一个有夫之妇。她的丈夫，一名天文工作者，对两人暗通款曲毫不在意。而苏珊，在一个丈夫彻夜未归、与别人共度春宵后的清晨，翻看了他的日记。"覆水难收"几个字让她肝肠寸断。

长青居的方窗中再也透不出通明的灯火。太阳已经西沉，整座房子黯淡无光，像一座墓碑。爱情已经远走，去别处散发光芒。

两年多以来，艾米莉永远是一袭白衣，这是诗歌的别名"雪絮"的颜色。它们在抽屉里越堆越高，她却不愿示人，像是担心它们融于他人的掌心。与此同时，拉维尼亚装束的颜色却越来越深。她的裙子，从丁香紫，变成葡萄紫，后来又变成棕色，最后，亲人接连零落，黑色的丧服成了她唯一的着装。

她在近乎嫉妒的心情中捍卫着姐姐离群索居的生活方式。这座城里，人们不无嘲讽，却又略带羡慕地称她为"隐居皇后"，或是"神话"。

某个早晨，一位不速之客捧着一束紫罗兰，精神抖擞地出现在门口。可她却告诉他，艾米莉是不会下来的。

"没关系，"来客说，"我可以上楼。"

拉维尼亚吃了一惊。倚在二楼栏杆上的艾米莉也惊恐得直起身子。

"上楼可不行！"拉维尼亚喊道，"如果您愿意的话，可以来客厅喝杯茶。"

她接过花束走进厨房，把鲜花插进装满清水的花瓶。艾米莉听见犹豫不决的脚步声向客厅的方向去了，然后又折回来登上了楼梯。

她一路快步溜进房间，在身后关上了房门。来客的脚步在门前戛然而止，他朝房里大声说道：

"我来，是为了和您探讨您的诗。"

他以为这句话会有"芝麻开门"一般的效果，咒语一出房门就会自动打开，可惜仍是徒劳。紧闭的房门内传出艾米莉的回应：

"那您说吧。"

他从未见过如此情形，突然不知要如何开口。其实，他本想告诉她，她的诗是如此独特，沉默和表达平分秋色，甚至让他联想到了漂流瓶里装着的一段段密码。一丝光从门缝里漏了出来。一楼，拉维尼亚在叫他，但他却没有应声。

他冲着那丝光亮问道："您为何不愿把诗作都发表出来呢？"

这并不是他真正想知道的。他只是不懂，为什么这个奇女子拒绝将诗作公之于众，却独独愿意请他品鉴。为什么是他？探讨诗歌并不是他前来的真正目的。

门内，艾米莉走向房间深处。她在窗边驻足，心绪也平静下来。下一次心潮澎湃之时，她望见一团枫叶之中有一道红色的闪电灵光一现——是一只红雀。

艾米莉的窗边，有一根麻绳悬在半空随风摇曳。

虽然时不时有小松鼠扶梯而上，但她的本意并非给小动物们搭建梯子；她也不是想要趁着月色顺着绳子悄无声息地溜出家门——尽管她时常在脑海中幻想这样的场景。这条绳子是她用来吊篮子的。柳条编成的篮子里装着姜饼小人，上面盖着一块白手帕，她的侄子和侄女就站在窗下等着篮子放下来。既然对艾米莉会做糕点这事已习以为常，那么发现她也是一个"姑姑"，又有什么好奇怪的呢？

直觉里，诗人并不属于家庭，但这个观念是错误的。诗人同时也是女儿，是姐姐，是表姐。只有诗歌，才是孤儿。

奥斯汀和苏珊的三个孩子之中，艾米莉最偏爱的是那个最小的男孩，吉尔伯特。金色的发绺，圆圆的双眸，个子只有剑兰那么高。他总是对自己的发现惊奇不已：树上掉下的鸟窝，长着蓝色长毛的爬虫，泥地里小狗留下的脚印。树木睁着成千上万双绿色的眼睛，倾听着他们的对话，白衣飘飘的老姑娘倚在窗边，小男孩骑着三轮车仰头向天空望去。

和小侄子在一起，艾米莉学会了用全新的视角来发现世界。然而这几乎是吉尔伯特最后一次与姑姑共同凝望这个世界了。他们自己对未来当然一无所知——而那些树，那些树早已参透一切。

想在艾米莉·狄金森的一生中寻找一个转折点，一个令她摇摆不定的十字路口，一定会无功而返。几十年来，人们试图以杜撰和夸大的方式，曝光艾米莉人生中某个里程碑式的事件，以此来解释她选择孤独终老的原因。它们或是一个挥之不去的阴影，或是一段无疾而终的恋情（无论对方是男是女），或是一次遭遇背叛的经历，或是一种近乎病态的偏执。追求对称的人甚至想要总结某个变故、某场悲剧或是某次教训"事前"与"事后"的变化。人们把她的人生当作一座山，山巅既是顶点，也是中心和轴心。可是，人们再怎么深入发掘，查阅传记，翻看往来信件和亲历者的叙述，仍是枉费心机，因为他们根本找不到任何可能成为导火索的事件。没有磨难，没有踌躇，没有决裂。艾米莉的归隐是一个漫长的过程。原因也许很简单，像大部分人一样，随着韶华流逝，她越来越执着地坚守自己的习惯，越来越接近真实的自我，越来越屈服于内心深处的渴求、孤独，以及随之而来的寂静。其实这个道理并不难懂——难懂的是，为什么大部分作家没有做出同样的选择。

［F372］
剧痛过后，一种徒具形式之感 –
神经，仪式般坐定，如坟墓一座座 –
僵硬的心问道："是他吗？承受了这一切。"
"就在昨天，还是几个世纪已过？"

脚步，机械地，打转 –
一条木然的路
不管脚下延伸着
地面，或空气，或任何什么 –
一种石英的自得，如石头一个 –

这是铅的时刻 –
留在记忆里，若是活下来，
像冻僵的人，回忆雪 –
先是冰冷 – 然后麻木 – 最后随它去 –

她并非刻意躲藏，也绝非遁世隐居。她栖息在某样东西的正中央，在自我的最深处沉思，在花园的蜂群和大小熊星座之间保持着平衡。晷针转动，太阳落山，两个星座光芒尽显。

这便是她理想的生活，密不透风，被她自己全然包裹着。像一个鸡蛋般浑圆饱满。每一天都是一个完整的闭环，太阳从树梢升起是起点，夏天是金色的，秋天是铜色的；太阳在天空的另一侧落下，这便是终点。黑色的夜，是一片空白。第二天早晨，一如以往，却略有不同。

在这样微妙的重复中，在这段被按下暂停键的时间里，她断断续续地领悟了草的耳语，风的低吟。为了停下步履，她与地球同醒共眠，沉醉于公转运动的晕眩之中。

[F356]

假如你能秋天来
我就一挥手把夏天赶跑，
就像主妇将一只苍蝇拂去，
半带轻蔑，半带微笑。

假如一年就能见到你
我就把每个月绕成小球 –
分开放进各自的抽屉，
唯恐将数字弄乱弄丢。

假如只是几个世纪的延期
我就扳起指头算计，
减来减去，直到手指，
掉进范迪门的土地。

假如注定，要等此生过完
才轮到你我相守 –
我就将它抛开，像抛一片果皮，
而将永生接受。

可是，此刻，无法确知
那隔在两端的距离
它刺我激我，像精怪的蜜蜂 –
并不指明 – 它的毒钩。

秋天对我们一无所求。它身披金袍，手握铜器，已是富足。它一声大笑，豪迈地将财富抛洒于地面。它深知，夏天转瞬即逝，而死亡却是地久天长。

艾米莉刚打开窗户，被什么瞬间堵住了呼吸。一股芳香袭来，销魂入脑。从她站在卧室俯瞰这个世界的那一刻起，外面的世界便浓郁炽烈了起来。窗子，像是初次问世的相机，浓缩了所有的色彩。唯有从锁眼看向世界，才能看得真切，才能沉浸其中。

卧室并不是她的全部。她还拥有椋鸟的婉转吟诵，秋日的漆黑夜色，春日的滂沱大雨，楼下熟悉的喧闹，烤炉中面包的焦香，苹果花的清新，石头被太阳晒过后的灼热，所有的一切，死后都令人心驰神往。

年复一年，公转的半径随着时间的流逝逐渐缩短，如同一条绳索用难以察觉的速度沿着中轴圈圈缠绕。年复一年，她与内心的距离也在渐渐缩短：这间卧室，这张书桌，这只墨瓶。她指间钢笔的笔头，便是世界的尽头。

钢笔在艾米莉的手中自顾自地写着。它在讲述一只鸟的一生，从巢穴里的鸟蛋到笨拙学飞的幼鸟，夏天草尖上的一抹绿光，秋天的白霜，冬季的南迁，春日的北归。钢笔将这一切娓娓道来，诉说给那些把纸页放在耳侧，犹如聆听贝壳里海浪声的人。尽管艾米莉能隐约预见万事的开头与结尾，但当她看见一个襁褓乳儿，仍会想象他日后将会成为怎样一个耄耋老人；当她看见一个白头老叟，也能轻易地猜出他曾经是怎样一个呱呱赤子，而他自己却不记得了。

有一瞬，她提起笔，笔没有墨写不出字了。她没有去蘸墨水，而是轻轻用手心抵住了纯银的笔尖。是钢笔画出了她手掌的纹路：她的心事，她的生活，她的命运和旋涡。

母亲大病了一场，突然虚弱了很多，之后就越来越瘦削无力。她还能走路，能说话，但是动作变得犹豫迟缓，似乎在挣扎着回想自己到底要做些什么。大部分时间她都是在卧床中度过。有时她分不清两个女儿，有时甚至一个都不认识了。拉维尼亚和艾米莉不分昼夜地照料着她，给她喂饭，为她擦身，读书给她听。

每天早上，艾米莉端着餐盘走进房间，早餐有鸡蛋、清粥、刚出炉的面包和奶茶。她拉开窗帘，向母亲报告外面的天气，扶她坐起来靠在枕头上，用小银勺一口一口地喂她。

艾米莉曾经说过她没有母亲。"儿时，若有大事发生，我总是一路小跑，回到那个令我敬畏的家。她是一个可怕的母亲，我却爱她，胜过任何人 *。"她突然重拾了女儿的身份。

---

* 摘自艾米莉·狄金森 1874 年 1 月写给希金森的信，原文为 "I always ran home to awe when a child, if anything befell me. He was an awful mother, but I liked him better than none"。

刚刚拂晓，艾米莉便被钟鸣声唤醒了。街上升起一阵喧嚣，嘈杂中能听出哒哒的马蹄、人们的叫喊和遥远的轰鸣。

拉维尼亚穿着睡裙，披头散发地走进她的卧室。

"别担心。你还记得吧？是7月4日。"

艾米莉郑重地点点头。母亲的身体已是每况愈下，艾米莉便不得不哄骗着她，把戏演下去。

"我确实是忘了。"她说。

她又接道："可能我们应该去母亲的房间，这样她就不会担心了。"

两姐妹坐在母亲的床尾。窗外钟声响过几次，来来往往的马蹄声和人们的吆喝声从未停歇，而母亲整个早晨却都在昏睡。房间里，浓重的焦烟味挥之不去，是她们打牌时从紧锁的窗外蹿进来的。拉维尼亚给艾米莉盘好了头发。她们一人读一段《圣经》，再让对方说出这个章节的出处。过了正午，外面的喧闹逐渐平息，她们又一起下楼去厨房煮些鸡蛋当作午餐。

"你看，只是7月4日，"拉维尼亚重复了一次，"村子那头离这儿最多几百步路，杂货店和七栋房子的废墟现在还冒着青烟。"

如果当时换了个风向，艾米莉一边烧水一边心想，那我们就一无所有了。纸燃烧得就是如此之快。

去年，为了翻新欧特蒙的房子，我们拆掉了灶具和餐厅中间的一截挡板（建筑落成四十年后加装的），发现了一沓泛黄的卡片，每一张都画着不同的圣人。卡片是用彩色蜡笔涂的色，比一般的扑克牌大些，牌面奇异的组合让人联想起了马戏团、大教堂和吉卜赛人的大篷车。

卡片中有一张画着玫瑰法蒂玛圣母；有一张是开普圣母，画中的她摊开掌心，光着双脚，包着金边的裙子星光熠熠，头戴一顶球形王冠；有帕多瓦圣安东尼，失物的守护神；有使徒安德鲁、卡梅尔山圣母；有一张画的是祈祷中的教皇（教皇庇护十二世第一次诵读 1950 年禧年祷告的场景）；有一张卡片，背面是令人钦佩的圣母，被一群天使环绕着，正面画着永援圣母。其余的几张卡片，分别刻画着钉在十字架上的耶稣、食槽里的圣婴、复活的耶稣和他向孩子们布道的场景。最后一张手指般细长的卡面上，是一个鲜花满怀的金发小童。

在石膏板下面发现这个小小的王国时，我并不惊讶。我一直都知道，我们并不是这座房子里唯一的住户。

如果别人问起，我总会回答我的家在欧特蒙，而不是蒙特利尔（几年前市政合并以后，其实回答蒙特利尔才更准确，而且至少对外国人来说，蒙特利尔也更为知名）。即便如此，我还是觉得欧特蒙这个答案太过宽泛了。我的家在一条街上，紧挨着两个公园和一座大山。到了范霍恩大道，我就算是离开家了，哈奇森路或是月桂大街也是一样。在我心中，欧特蒙这个尺寸之地，道路两侧清一色的红色砖楼，都是 20 世纪初建成的。从一开始遛大丹犬维克多，到后来推着女儿佐伊的婴儿车，这条街上土生土长的住户们目送我们经过，眼中总是带着困惑。1917 年（我家房屋建成的年份）和 2017 年（我写下这段文字的当下）在属于我的欧特蒙这里交汇，像那种轻轻一压便会弹开的镜面暗门，它的身后，也许是一条密道，也许是一间密室，又或是另一面镜子。

搬去波士顿，我便作别了一段过往，虽然我并未亲身经历，却有幸成为它的一部分：枫树的几十个夏与冬——还有墙缝里不为人知的小人家族。

在一场疾风冻雨之中，枫树差点掀翻了我们的房顶，于是两年前的今天，我们把它砍掉了。白色的菌菇渐渐爬满了树桩。也许将来我们会把这个树桩连根刨去，种下一棵新的树苗。但是，这个枫树的幽灵至今还在为写作的我遮阴纳凉。

我依然记得，童年时我就清楚地知道，我所居住的城镇和我一样年幼。

那时，我们刚搬到红岬区的小河路，这儿离我原先的家不远；再往前几年，这条路甚至还不存在。我们的新家是一栋现成的小楼，但是从没有人住过——听说这栋房子是在室内组建的（可能外面搭了一间更大的房子？），幼小的我惊呆了，感觉它好像一个积木搭起来的玩具房子。过去，这里曾经一马平川，让人找不到方向。

当时，我们对这个新的城市了无牵挂，随时可能远走高飞。然而，那个时候我可能已经知道，不远处的地下，我的姐姐已在她的棺木里长眠。

她的卧室后来被改造成一间小客厅，家人们会来这里看会儿电视，但通常都沉默不语。我在这里还触过几次电。姐姐曾在这里生活，在这里做梦，然而现在竟找不到她留下的任何一丝痕迹。荡然无存。悄无声息。

　　童年时，我看见书本、房子、油画、贝壳，总会试着去刮开它们的表面，看看下面隐藏着什么。我知道在这个世界的表面之下，一定还有些肉眼并不可见，但却值得耐心搜寻的东西，需要我们像考古一样，用柔软的刷子轻扫那些远古城邦的遗迹。

艾米莉闭门不出已经有一阵子了，刚开始还去花园，后来她的活动范围只局限于楼内，最后整天都把自己关在二楼的卧室里。有时客人前来拜访，她也会接待，不过两人之间总是隔着一扇隔断。访客坐在一间空房间的椅子上，她坐在隔断的另一侧，两个人都对着幕墙说话。

很少有人会来探访，来过一次又来的，便是少之又少。没有人喜欢在告解室里聊天。这种与人隔墙相谈的感觉让来客觉得十分别扭，仿佛自己被人戏弄了，却又说不上来那人是谁，最后只好带着难堪离开了。而这种情况，还不是个例。

为了向他们表示歉意，艾米莉会准备一些孩子才喜欢的伴手礼：一支铃兰、一颗玫瑰花蕾、一片全白的四叶草，有时候是几行字，或是一杯金色的雪利甜酒。

在足不出户的日子里，她并没有放弃她的花园。花园随她住进卧室里来了，从此鲜花便在这里盛开。艾米莉竟宁愿终日与花做伴，这让众人惊讶不已。

世人惊叹于艾米莉经年累月的独居生活，仿佛这是一个有违人性之举。然而我要重申一次，能紧锁房门潜心创作的作家少之又少，这才真正让人诧异。真正违背人性的，难道不是纠结于无穷无尽的琐事和义务，如马戏团般热闹非凡却又碌碌无为的人生吗？

一个与书为伍的人，自愿与外界切断了联系，又有什么可惊讶的？只有自视甚高的人，才愿意时时刻刻与人团头聚面。

她本想像十四岁时那样，用花做成一本书。但是现在她的花园是纯白色的。在纸上，她钉下的文字像一只只蝴蝶。她的笔触发出鸟爪般的沙沙声。诗歌里，有一半是山雀。而另一半，有紫菀花、火烧云、无尽的永恒，还有她枕边沉睡着的、包罗万象的《圣经》。

我栖居于可能性 –
一座比散文更美的房子 –
更多的窗户数不胜数 –
房门 – 更高级 –

[F466]

我栖居于可能性 –
一座比散文更美的房子 –
更多的窗户数不胜数 –
房门 – 更高级 –

房间皆如雪松 –
肉眼望不穿 –
一座永恒的屋顶 –
苍穹的扇面 –

访客 – 完美无比 –
来这里 – 安居 –
伸展我狭小的双手
把乐园汇聚 –

有三封长信，幸运地穿越了时间的长河，又被分拣艾米莉遗物的亲友和编辑所遗漏，最终留存了下来。这些信件是写给一位姓名不详的"主人"的。这三封杂乱无章的草稿，是本该寄给收件人却没能寄出，还是写完后，艾米莉最终决定把它们留下？又或是，艾米莉根本就不是为了寄出而作，因为这个收件人根本就不存在？如同艾米莉人生中的一切，真相的线索是如此缥缈而稀少，以至于每个人都能做出自认为合理的解释。而在我的心中，"主人"并不存在。

她本想创造出这个人物，未果，从此便无法原谅他。

当抽屉逐渐关不住她零散的诗篇时——肉桂、巧克力、种子、面粉和糖霜——她决定着手将它们整理成册。为了能将所有的诗作都尽收眼底，她先是把它们平铺在桌面上。木质的桌面很快就铺满了。她起身，将几片纸放在了凳子上，又拿了几片放在壁炉架上，最后终于决定把剩下的摆在地上。纸片与纸片齐头摆放着，中间留着整齐的缝隙，远看过去好似一张巨大的拼图。

诗歌充斥了整个房间。纸片间狭窄的缝隙是她唯一的通道，她只有踮着脚尖挪开步子，才不会把它们踩皱。她如履薄冰，小心翼翼地前行着。

现在所有的诗歌都有了自己的位置，她停在原地端详。如果突然吹来了一阵风——或是擦亮了一朵火花，那会怎么样？

她弓着腰，随手拿了一张，又开始寻找和它有关联的篇章。它在房间的另一角。很好，她将两张纸握在手中。想要再找出一首诗，既与第二篇有关，又与第一篇契合，就没有那么容易了。随着诗歌数量的增多，整理的难度也在升级。两个小时后，艾米莉手握着十五六首诗，已感觉天旋地转，就像喝酒贪了杯。她精心将剩下的纸片收拾好，待到第二天重新排开。

到了夜晚，整理的工作就变得更繁复了，因为最擅长表达、招人喜爱的诗作都已经被选走，它们呼朋引伴，就像聚会中善与人交的宾客，让在场的每一个人都感到舒心而愉悦。然而越是后来，剩下的诗歌越是让她厌恶，它们像板栗一样浑身带刺，抗拒与同类的任何接触。很快，她周遭只剩下和她一样的诗歌了：一群孤独家。

一个星期过去了，她不得不面对现实：之前煞费苦心整理好的册子，现在要重新打散，从头开始再来一次。又是几个星期，后来甚至是几个月。她用了将近一年的时间，才为每一首诗都找到亲人与归宿。

她将这些诗歌整理成了一些分册，每册有几十页。她又向拉维尼亚借来了针线包，穿针引线，戴上顶针，一针一针细心装订，每一册都是如此。

一直以来，"笺"（fascicle）这个词，被用于描述那些在卧室中秘密汇编而成的单薄的手稿文集。然而，最初它指的是药房里草本植物的计量单位，即用胳膊抱起抵在胯部之量，一般是十二把。

在成为文集之前，"笺"是一捧能疗愈病痛的植物。

一次，有人在信中问她，她是怎样感受到诗意的，她回答道：

"当我读到一本书，它让我奇寒透骨，怎样的熊熊火焰都不能使我温暖——我知道，那是诗。"

她又说道：

"当我感觉到有什么在撕扯我的头颅，我知道，那是诗。我所知道的方法，仅此而已。难道还有别的办法吗？"

艾米莉谈及"奇寒"的半个世纪之后，莱昂纳德·科恩[*]提到了灰烬。两种看法如出一辙，诗歌与火焰是对立的。

死亡栖息在所有的诗歌之中，不止"死亡"这件事，还有"死去"这个动作，它是人生极致的一瞬，像艾米莉的韵脚一样戛然而止——如同风暴中的雪花刚落到半空又突然原路折返、升上天空，因为云朵已经令它想念；如同时间在六月的日落时分突然停滞；如同一个自缢的人，面色苍白，在绳端摇摆。

[F479]
只因我无法为死亡停步 –
他好心地为我停留 –
那马车只载着我们两位
还有，"不朽"。

我们慢慢行驶 – 他知道不急
而我已打发了我的活计
也抛开了我的闲暇，
只因他彬彬有礼 –

---

* 莱昂纳德·科恩（Leonard Cohen，1934—2016），加拿大魁北克诗人、小说家，同时也是歌手、音乐人。

我们路过学校，孩子们在那里较劲
正是课间休息 – 在操场上 –
我们路过田野，谷粒在凝视 –
我们路过下落的夕阳 –

或不如说 – 他路过我们 –
露水引来颤抖和寒意 –
因为我的长袍，不过是薄纱 –
我的披肩 – 不过是绢丝 –

我们停在一座房子前，它好像
地面的一个肿胀 –
屋顶几乎看不见 –
屋檐 – 在土地里面

从那时起 – 过了多少个世纪 –
却感觉比一个白昼还短
我第一次猜到，那些马头
朝着"永生"的方向 –

噩耗接踵而至，父亲离世后才不到一年，母亲便也去地下与他相伴了。这所空旷的大房子里，从此就只剩拉维尼亚和艾米莉两人了。妹妹终日守着一群猫，姐姐与她的狗互相做伴。她们还有一个用人玛格丽特——她没有宠物。

父亲死后，艾米莉从未在他的墓前缅怀过他。哀悼逝者，不一定非要去墓前——艾米莉也从未为他哭泣。某天，一位好友来到墓地，在墓碑前折了一支四叶草送给她。她郑重地接过这份礼物，朋友离开后，她站在原地良久，端详着手里小小的绿色十字。后来，她把四叶草夹在莎士比亚全集中，里面已经有十几朵干花——这是只属于她的精神陵园。

[F1588]
对于死亡我尝试这样想 –
他们放我们进去的那口井
简直跟那溪流没什么两样
它不用屠杀来威胁
而是用那不安来邀请
那种甜蜜的热望
邀请我们去金苹果园，那同样的花儿
诱惑着，只是向我们致意 –

我清晰地记得小时候
随胆大的同伴漫游
到一条溪流，像海洋
用奔腾的气势将我们阻挡
采不到那远处的一朵紫花
直到被迫伸手去抓
如果劫数本身就是结果，
勇敢者纵身一跃，抓住了它 –

人们说，她到这个年纪终于遇到了人生挚爱，这也许还是她此生唯一的一次爱恋。奥蒂斯·洛德法官*是父亲的一位旧友，比艾米莉年长十五岁，确实曾真诚且殷切地向她提出过结婚的请求，而她也在回信中做出了诚挚的回应。他们确实到了要结婚的那一步吗？艾米莉真的想过离开阿默斯特，去塞勒姆†这个女巫盘踞的城市定居吗？又或是，这是艾米莉最后一次尝试在纸上虚构人生？今时今日，他们的恋情已无从考证——往来通信早已化作乌有，仅剩下一些零落的草稿和在各自家族中口口相传的故事。不仅婚礼没有举办，连结婚的消息都还未公布，新郎就过世了。艾米莉甚至连寡妇都算不上。

到了她这般年纪，熟识的人大多已离去。索菲亚、父亲、母亲，还有留着金色鬈发的吉尔伯特，都已长眠在茵茵绿毯之下。地上的人消失了，天上却依旧如此空旷。

然而毋庸置疑，父亲和母亲在空中的一张长桌旁等待着他们的孩子，神色一如既往地凝重严肃——孩子们又迟到了。

---

* 奥蒂斯·洛德（Otis Phillips Lord, 1812—1884），马萨诸塞州最高法院法官。

† 塞勒姆（Salem），马萨诸塞州城市，因 1692—1693 年发生的塞勒姆审巫案而著名。

[F1579]

我的战争都埋在书里 –

还剩一场战役 –

一个敌人我尚未谋面

但时常将我打量 –

犹豫不定

在我和我身边人之间

总是掠过我 – 选上最好的 – 直到

周遭的人都先我而去 –

倘若故去的密友

没有把我忘记，

那该多么甜蜜 –

因为人生七十

玩伴已稀 –

这几天，她只要躺在枕头上，就会听见钟声响起。她的一生都在质疑上帝的存在，而现在，她却在心中建起了一座教堂。

长久以来，她总感觉有什么在尾随着她。年幼时，她常常双脚悬空坐在琴凳上，试图弹段钢琴来分散"它"的注意力，然后猛地转过头。"它"并没有现身。她也尝试过在花园里散步时突然停下脚步，紧紧地贴在树干后面，目不转睛地盯着自己来时的路。但"它"依然没有出现。

艾米莉走在昏暗的街道上，它就在她的身后；她下楼去拿土豆，它一直跟着她走到地窖。温热的浴水中，它坐在她的身旁，她就寝时，它也钻进她的被单，两人用同样的速度，读着同一本书。从某种意义上来说，这是好事：艾米莉不会孤独了。

她们并肩站在窗前望向外面。无月之夜，星星是如此清晰耀眼，发出从望远镜中才能看到的光芒。星河在空中组成了熟悉的画面，这张地图上有大江大河，有城市荒漠。某个远方，在一条铺满白色石子的小路尽头，林登在散发光辉。

她们一道缓缓起飞——是她与死亡。此时正值五月天。

艾米莉·狄金森的死亡证明上，"地点"一栏旁，有只手果决地写道：家中。

[F448]

我为美而死 – 还未等
在坟墓里安身
另一个，为真而死，躺入
一个比邻的小屋

他轻声问道："因何至此？"
"为了美。"我回答 –
"而我 – 为了真 – 它们是一体 – "
"我们是兄弟。"他说道 –

于是，像同族，相见在夜里 –
我们交谈隔着墙壁 –
直到青苔爬上了我们的嘴唇 –
也遮盖了 – 我们的名姓 –

184

林登

林登这座城，是绿色和金色组成的——是蜜糖与四叶草。

一间百叶窗高高升起的小屋中，住着永远十五岁的索菲亚和八岁的吉尔伯特，他们正吃着香脆的饼干，喝着温热的牛奶。

那些曾被人宠溺一生，最终在爱中离世的狗狗，悠闲自得地走在这里的街道上。大海近在咫尺，然而只能听见海浪，却无法目睹大海的真容。

在林登，艾米莉走出她的卧室，从楼梯上逐级而下，跨过纸屋的门槛，走上街道。正午的阳光，照耀着她身上猩红的长裙。

诗歌索引

后记

本书中，我效仿了罗杰·伦丁通过比较阿默斯特和芝加哥的人口数量来进行观察的视角（尽管我们借用了不同时期的人口数据），还参考了他的著作《艾米莉·狄金森与信仰的艺术》里关于艾米莉生平的一些描述。另有一些生活片段来源于理查德·休厄尔的作品《艾米莉·狄金森的一生》，以及艾米莉本人在某些信件中的自述。剩下的部分，则来自我的想象。如果读者在阅读的时候觉得浑然一体，无法分辨故事的来源，那当然再好不过。

感谢我的第一个读者纳丁·比斯图，以及弗朗索瓦·里卡德对我的书稿提出的宝贵启迪和建议。感谢安托恩·坦格在过去十多年间给予我的信任与情谊。感谢拉斐尔·杰曼指引我追寻猫头鹰和蝴蝶的足迹。